상가 형성 원리를 알면
부동산 투자가 보인다

상가 형성 원리를 알면 부동산 투자가 보인다

신일진, 송두리 지음

상가
입지 분석
(원리편)

잘되는 상가
돈 되는 땅은 따로 있다!

한국경제신문 *i*

　독자들 대부분은 창업이나 상가 투자를 위해 이 책을 구매했을 것이다. 그러나 끝까지 읽을 자신이 없으면 구매하지 않는 것이 좋다.

　상권 입지 분석을 시작하는 독자들이 더욱 쉽게 분석할 수 있도록 가장 기본적인 사항만 수록했다.

　이 책은 상권이 만들어지는 원리에 관해 설명했다. 그러나 각 상권을 지도에 표시해서 세부적으로 구분해 좋고 나쁨을 평가한다면, 특정지역의 건물 소유자나 임차인의 문제가 발생하고 영업에 이상이 생길 것을 고려해 지역을 밝히지 않고 임의로 그림을 그려서 표시했다.

　많은 창업자나 상가 투자자들이 상권 입지 분석을 할 때 이 책 한 권도 제대로 공부 안 하고 분석을 하지 않는다면 당신은 창업하지 말고 투자하지 말아야 한다. 그것이 내 재산과 가족을 지키는 가장 중요한 방법이다. 끝까지 읽을 생각이 없다면 군이 구매할 필요가 없다. 괜히 책값만 날아갈 것이다.

지금까지 여러분은 창업이나 부동산 투자와는 다른 삶을 살았을 것이다. 취업하기 전 또는 사업을 하기 전까지 여러분은 얼마나 많은 공부를 했는지 생각해본 적 있는가?

이 책을 선택하고 읽기 시작하는 순간, 이미 여러분은 새로운 길을 걸어가는 것이다. 그만큼 준비하고 공부하기를 간곡히 부탁드린다. 앞으로 독자들께서 분석하실 때 필요한 자료는 필자의 카페(https://cafe.naver.com/ismaple)에 올려놓을 것이다. 창업이나 투자에 활용하시길 희망한다.

상권 입지 분석

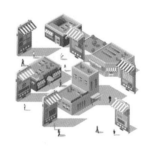

입지 분석을 하는 이유와 상권 분석을 하는 이유를 알아야 한다. 그리고 분석을 하는 각 항목에 따라 분석 이유를 알아야 상권에 대입할 수 있다.

■ 입지 분석을 하는 이유

상권을 분석할 때 가장 먼저 입지 분석을 하는 중요한 이유는 누구를 위한 상권인가를 알아보기 위함이다. 또한, 상권이 안정적으로 형성되어 지속적으로 유지되며, 발전할 수 있는 위치에 존재하는가를 알고자 함이다. 각종 언론이나 방송에서 ○○○상권, ○○○거리라고 해서 상권이 번성하고 있다고 앞다퉈 보도하는 것을 많이 볼 수 있다. 정말일까? 사례를 세 가지만 보자.

첫 번째로 언론에 많이 소개된 상권이다. 실제로 서울의 경리단 길, 가로수 길, 망리단 길 등 많은 곳이 상권으로 성장하다가 어느 순간 유동인구가 모두 사라져버렸다.

먼저 망리단 길을 살펴보자.

[자료 A] 망리단 길

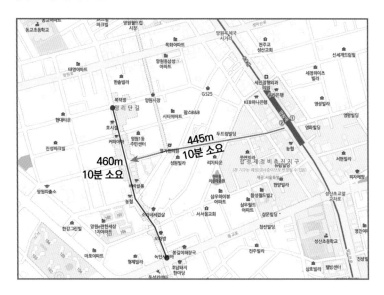

망원역에서 망리단 길까지 걸어가는 거리는 약 445m 정도다. 유동인구의 보행 시간으로는 약 10분 정도 소요된다. 그리고 망리단 길 전체는 약 460m이며, 보행 시간은 약 10분 걸린다. 상권을 이용한 후 다시 되돌아가는 시간을 계산하면 최대 이동시간만 30분 이상을 이동하는 데 시간을 보내야 한다. 처음에 몇 번은 방문하겠지만 시간이 지날수록 방문할 유동인구는 줄어든다.

　다음은 경리단 길을 분석해보자.

　기본적으로 경리단 길은 녹사평역 2번 출구를 기준으로 남산까지 오르막길(검은색 화살표 방향)에 해당된다. 상권 끝까지의 거리는 약 1.2km로 유동인구의 보행속도로는 25분 이상이 소요된다. 상권 중심까지는 약 800m 거리에 해당된다.
　젊은 층이 걸어 다니기에도 꽤 멀고 힘이 드는 편이다. 또한, 입지적 조건이 주요 대사관이 모여 있는 특성을 가지고 있다. 상권이 형성되기 어려운 조건이다. 원래 예술인을 중심으로 한 직장인을 위한 상권인데 유명 브랜드가 들어오면서 새로운 상권이 형성된 것이다. 젊은 층은 대부분 대중교통을 통해 상권

[자료 B] 경리단 길

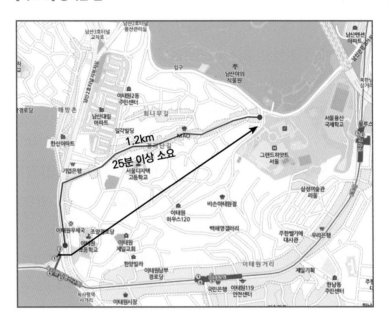

에 방문한다. 방문도 한두 번이지 거리가 멀어서 다시 방문하기 어려운 조건에 해당된다. 다시 이태원 거리로 가게 된다.

가로수 길도 마찬가지로 대중교통에서 약 7분 정도 소요되며 상권 끝까지는 10분 이상 걸린다. 가로수 길의 주요 특성은 업무지역과 연관해 형성되어야 하는 조건임에도 불구하고, 명품거리 형태로 구성되면서 결국 유동인구가 줄어들어 지금은 그 명맥만 유지하고 있다.

전국적으로 많은 지역에 상권이 인위적으로 만들어지면서 그 공간에 입점했던 점포들은 영업에 많은 어려움을 겪고 있으며, 뒤늦게 뛰어든 투자자는 가격하락에 매각도 어려운 상황이 되어버린 곳이 한두 군데가 아니다. 과거에는 뛰어난 상권이었어도 유동인구가 다른 공간으로 이동해 과거의 명성이 사라진 상권도 부지기수다. 이러한 현상은 서울뿐만 아니라 경기도, 인천, 부산, 광주, 대전 등 많은 곳에서 나타나고 있다.

합정역 상권의 경우 홍대 상권의 유동인구가 몰려온다는 언론 보도로 인해 많은 창업자와 투자자들이 몰렸다가 창업자가 문을 닫고 투자자 역시 매각하지 못하고 속을 태우는 경우가 많다.

합정역 상권은 지하철 2호선을 이용하는 직장인과 상암동 디지털미디어시티역에서 이동하는 직장인들이 합정역에서 만나 상권을 이용하는 직장인 위주의 상권에 해당된다. 따라서 홍대 상권에서 진입하는 상권이 아니다.

상권은 유동인구가 얼마나 편하고 쉽게 접근할 수 있느냐를 우선순위에 두어야 한다. 그러나 앞에서 설명한 상권들은 젊은 층 유동인구가 진입하기에는 불편한 점이 한두 가지가 아니다.

다시 말하면 상권이 만들어질 자리가 아닌데 만들어진 것이다.

두 번째는 건축법에 의해 창업이 가능한 지역이다. 점포가 입점할 수 있는 지역은 건축법 시행령에 의해 일반주거지역부터 입점할 수 있다. 그래서 주거지역에 음식업, 노래방, 카페, 철물점 등 다양한 점포들이 입점해 있다. 점포가 많을 수밖에 없는 구조다.

일자리는 없다. 은퇴 시기는 빠르다. 창업해야 먹고살 수 있다. 별다른 기술이나 능력이 없는 한, 가장 쉽게 생각하는 것이 소상공인 영역에서의 창업이다. 많은 창업자와 투자자들은 자신들의 사회생활 경험에 의존해 투자하고 있다. 전혀 다른 세상에 들어온 것이다. 지금까지 상가를 이용하는 사람이었지, 분석하는 사람이 아니었다.

세 번째는 신도시나 뉴타운 설계의 문제점이다. 이는 상업지를 만드는 도시 설계의 차이에 있다. 도시를 설계하는 데 있어 중요한 것이 상업지의 비율이며 어느 공간에 위치하는 것이 적절한지와 도로 및 유동인구의 동선을 만드는 것이 중요하다. 그러나 상업지 특성을 고려하지 않고 상업지를 배치했기 때문에 많은 신도시와 뉴타운 상업지의 상권이 번성하지 못하고 있다.

[자료 C] 신도시의 근린상가

　신도시 상업지 비율의 적정성을 알기 위해서는 입지 분석이
필요하다. 상업지에 있어서 녹지나 도로와 같은 비율이 무슨 의
미가 있는가? 1기 신도시의 경우 7~8% 정도 규모를 가지고 비
교하면서 현재의 신도시 상업지 비율은 3%대로 이야기하고 있
다. 물론 1기 신도시도 함께 포함해 계산한 것이다. 상업지역만
상가가 들어오는가? 아닐 것이다. 준주거지역에도 상가를 지을
수 있으며, 일반주거지역에도 점포주택이 들어올 수 있다.
　좀 더 쉽게 극단적으로 말해보자. 근린주택(일명, 상가주택)
에만도 수십 개에서 수백 개 이상의 점포가 들어올 수 있다.
살아남을 수 있을 것이라 생각하는가? 근린주택뿐만 아니라 상업지역의 근린상가, 준주거지역의 근린상가 및 주상복합 내 상가, 지식산업센터라 칭하는 아파트형 공장 내 상가 등 도대체 얼마나 많은 점포가 있는가?

[자료 D] 신도시의 근린주택

신도시 상업지 비율에는 녹지나 도로 등 아무 의미 없는 비율이 함께 계산되어 있다. 상업지는 오직 주거지와 지식산업센터와 연관되어 있다. 지식산업센터의 경우 인근에 거주하는 인구를 제외하고는 직장인이 대부분이라 외부로 인구가 빠져나간다. 그리고 공원과 하천, 호수는 상권과 아무런 연관이 없다. 대형 공원이나 하천, 호수는 오히려 주거민을 그곳으로 보내주는 역할을 해 상권에는 도움이 안 된다. 대형 공원의 경우 상권에 도움을 줄 것이라고 생각하는가? 대형 공원은 상권의 장애요인에 해당된다.

지식산업센터의 노동자는 퇴근 시간이 되면 그 공간에서 벗어나며 주거지 인접지역으로 이동해 상권을 이용한다. 예를 들어보자. 신도시에 거주하는 인구는 모두 신도시에서만 상권을 이용하는가? 직장인이 피곤한 몸을 이끌고 동탄역 상권에서 점포를 이용할 것인가? 아니면 직장 근처에서 또는 다른 곳에서 이용할 것인가? 10~20대의 젊은 층은 부모님들이 이용하는 상권을 이용할 것인가? 아니면 자신들의 문화가 있는 상권으로 갈 것인가? 은퇴하신 어르신은 상권을 얼마나 이용할 것인가?

이처럼 도시 설계에서 중요한 포인트는 상업지의 입지 설계 및 주거지와 상업지와의 관계를 알아야 한다. 이것이 바로 입지 분석을 하는 이유다. 전문가들이 입지 분석을 하는 이유는 상권을 방문하는 유동인구가 누구인지를 알기 위함이다. 유동인구가 누구인지 알게 되면 그 상권은 누구를 위한 상권인지를 알게 된다.

상권을 이용하는 유동인구를 알고 있다고 생각해보자. 자연스럽게 유동인구들이 어떤 업종을 좋아하는지를 알게 될 것이다. 그다음에는 업종별 점포의 면적을 알게 되고, 상권이 어디에서 멈추게 되는지를 알 수 있다. 그리고 상권의 진입로를 알게 되고 상권이 끝나는 지점을 알 수 있게 된다. 상권 분석은 이때부터 시작하면 된다.

■ 상권 분석을 하는 이유

점포를 개설하고자 할 경우 많은 분들이 상권 분석을 시작한다. 그런데 알고 하는 것인가? 왜 하는지 아는가? 물론 안 하는 것보다는 하는 것이 나을 것이다.

우리나라에서 상권을 분석할 때는 500m, 2km, 3km 이내의 거리를 기준으로 분석한다. 그렇다면 이런 거리의 기준은 무엇인가? 정말 500m, 2km, 3km 이내 거리에 거주하는 인구가 내 점포로 온다고 믿는 것인가? 무수히 많은 지역의 상권 입지 분석을 해본 필자는 이해가 되지 않는다. 이런 분석법은 대형 백화점이나 대형 마트 및 복합 몰에서 사용하는 방법이다. 상권에는 전혀 해당되지 않는다.

명동 상권을 예를 들어보자. 명동 상권은 과거에 젊은 층 이용 상권이 많지 않았을 때 방문하던 상권이다. 젊은 층만의 최신 유행 문화가 발전했던 시기에 해당되는 상권이다. 최신 유행 문화는 전국에서 동시에 만들어진다고 할 수 있을 정도로 빠르게 전국으로 퍼진다.

　지금은 대중교통의 발달로 다양한 곳에 젊은 층 이용 상권이 형성되어 있다. 그리고 명동 상권을 기준으로 사방이 6차선 이상의 도로로 모두 바뀌었다. 쉽게 말하면 명동 상권은 섬이 된 형국이다. 명동이라는 특수성과 한류의 영향으로 해외에서 많은 관광객이 방문했지만, 지금은 어떠한가? 중국 관광객들이 사라지고 난 이후에는 유동인구가 대부분 사라졌다. 명동 상권은 입지적 특성상 업무지역으로 바뀌어야 할 지역이었지만, 관광객으로 인해 그나마 명맥을 유지하고 있다.

　강남역 상권을 살펴보자. 강남역에 삼성전자가 들어왔다고 강남 상권에 도움을 주었는가? 강남역 상권도 이렇게 분석할 것인지 묻고 싶다. 이 상권은 부산에서도 사람들이 올 수 있고, 한류의 영향으로 해외에서도 관광객들이 놀러 온다. 홍대 상권, 건대 상권도 해외 및 서울 수도권 등 많은 곳에서 사람들이 방문하고 있다.

이번엔 우리 동네 상권을 둘러보자. 500m, 2km 범위에 사는 주거인구가 얼마나 점포에 방문하고 있는가? 버스 정류장, 지하철을 기준으로 어떻게 상권들이 분포되어 있는가? 같은 거리에 또 다른 작은 상권들이 위치하고 있다. 이 거리에서 누가 올 것인가?

실제로 주거지를 바탕으로 빅데이터를 이용해 점포의 좌표 위치를 보면 대부분이 주거지로 가는 길을 따라 위치해 있다. 심지어 100m, 200m 간격의 버스 정류장으로 인해 동선이 끊어져 있다.

신도시 상권은 어떠한가? 도시설계 그림을 보면 모든 설계가 500m, 2km, 5km의 원을 그리고, 세대 수가 어떻게 되어 있으며, 어느 정도의 유동인구가 상권에 온다고 되어 있다.

그렇다면 설계된 그림을 보고 상권을 분석할 것인가? 주거지역에 주거 인구는 언제 채워질 것인가? 그렇다면 별도로 상업지역을 만들어 상가를 공급했는데, 주거지역 구석구석에 왜 그렇게 많은 상가들이 있는가? 그리고 대중교통의 위치, 유동인구, 임대가격, 주요 업종, 유동인구 동선 등 어떻게 보고 판단했는지를 묻고 싶다. 그런데 너무도 쉽게 계약서에 도장을 찍는다. 문제는 시간이 지나면서 자신의 판단이 틀렸다는 것을 금전을 지불해야만 알게 된다. 이미 늦은 것이다.

신도시나 뉴타운에서 점포를 기준으로 500m 내에 원을 그리면 모두 점포들만 걸린다. 이 공간에서 유동인구 70%가 내 점포로 올 수 있고, 2km 이내의 가망세대 30%가 내 점포로 온다면 모든 점포가 대박 날 것이다. 그러나 실상은 어떠한가?

점포를 기준으로 500m, 1km, 2km, 5km를 대입하는 것은 그 지역에 오직 점포가 하나 있을 때 이야기다. 즉, 백화점이나 대형 마트, 복합몰일 경우에 가능한 분석법이다. 시간이 좀 더 지나면 대기업의 주요 몰도 자기들끼리 충돌 현상이 나타나서 매출이 하락하게 될 것이다.

최근 백화점이나 대형 마트, 복합몰은 모든 유동인구를 그 안으로 빨아들이게 설계되어 있다. 도보로 다니는 유동인구와 차량을 이용하는 유동인구를 모두 빼앗아간다. 더군다나 날씨가 춥거나, 더울 경우에는 이런 현상이 더욱 심화된다.

특히 복합몰이 그 지역에 들어갈 경우에는 그 주변 상권은 아예 영업을 포기해야 한다. 주변 상권에 있는 주요 업종이 복합몰로 들어가면서 상권을 이용할 사람이 최대치로 줄어들기 때문이다. 점포는 이런 방식으로 상권을 분석하면 모두 실패한다.

신도시나 뉴타운은 각 공간마다 상가가 들어갈 수 있게 설계되어 있다. 그중에서 어디가 번성하고 어디가 쇠락하는지 알 수 있는가? 그렇다면 분양가격은 적정한가? 실제 주요 수도권의 분양가를 보면 평당 8,000만 원~1억 원에 육박한다. 15평짜리 상가를 분양받으면 12억~15억 원 정도 된다. 전용면적 7~8평의 점포에서 얼마나 장사를 해야 이러한 임대료를 맞출 수 있을까?

괜찮은 자리라 판단되어 커피전문점을 창업했다고 가정하자. 하루에 커피를 몇 잔을 팔아야 저 임대료를 감당할 수 있을까? 아마도 목숨을 걸어야 할 것이다. 수도권에서 이 정도 가격에, 이런 곳에 분양받기보다는 차라리 유동인구가 밀집된 도심권에 투자하는 것이 백번 나을 것이다.

상권을 분석하는 이유는 여기에 있다. '유동인구가 이 상가에 올 것인가? 그렇다면 그 위치에 어떤 업종이 적합한가? 유동인구는 충동적으로 구매할 것인가? 목적을 가지고 구매할 것인가? 그렇다면 판매업이 적합한가? 서비스업이 적합한가? 상품 가격대는 적합한가? 유통 구조는 어떻게 선택할 것인가? 프랜차이즈로 할 것인가? 직접 창업을 할 것인가?' 등을 판단해야 한다. 이럴 때 작성하는 상권 분석은 단순히 창업자금을 지원받기 위한 분석이 되어서는 안 된다.

신도시와 뉴타운의 경우 아무런 정보가 없는데 어떻게 분석할 것인가? 상권 입지 분석은 창업자나 상가 투자자의 생존과 연관되어 있는 상권 분석이다. 정말 큰 문제는 상권 분석을 왜 하는지 모르면서 분석하고 있다는 점이다. 당연히 분석을 하고도 제대로 분석한 건지 모르고 투자 결정도 하지 못하게 된다. 이 책을 통해 부디 상권 입지 분석을 기초부터 탄탄하게 다지길 소망하고, 올바른 투자 결정을 하기를 바란다.

신일진

차
례

제 1 부

인구 이동과
상권 변화

인구 이동이 상권에
변화를 가져온다.
인구 이동을 이해하지 못하면
상권의 변화와 이동을 이해하지 못할 것이다.

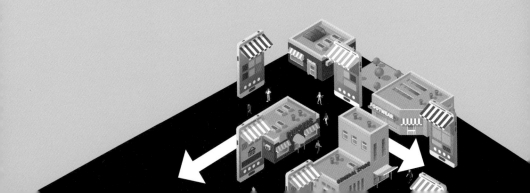

01 인구 변화

　우리나라는 군사문화에 의해 만들어진 상권이 많이 있다. 한 국전쟁으로 전 국토가 초토화되고 난 이후 새롭게 주거환경 이 만들어지고, 먹고살기 위해 군에 입대하던 시절이 있었다.

　1970년대는 새마을 운동을 시작으로 지역사회를 개발해 잘 살기 운동이 시작된 시점이다. 이후 동시다발적인 공업화 정 책으로 수출지향적인 산업화 시대가 되면서 도시로 인구가 모 여드는 이른바 도시화가 시작되었다.

　물론 1960년대 이후에는 군수공업이 발달하고 1970년대부 터 수출을 목적으로 한 공업화 정책으로 노동 집약적 공업이 발달하게 되면서 도시화를 만들기 시작했다. 1990년 이후에는 기술 집약적인 첨단 기술 산업이 발달하면서 벤처기업 창업이 붐을 이루었고, 2000년대를 지나면서 지식산업이 발달하게 되었다.

과거의 상권 특성이 잘살기 운동에 기반한 지역 문화로 상권이 형성된 시기로 본다면, 공업화 시기에는 지방에서 도시로 모이는 노동력 기반의 상권 문화로 볼 수 있다. 구로공단, 성수공단, 남동공단, 시화공단 등 많은 산업단지가 그 예다.

당시 상권은 모든 유동인구가 한 공간에서 상권을 이용하던 시기로 볼 수 있다. 예를 들면 젊은 층, 중장년층, 노년층 모두가 한 공간에서 상권을 이용했다.

시장 중심 경제구조의 형태로 시장 주변에 다양한 업종들이 함께 위치했는데, 주로 직장 주변이나 기차역 주변, 버스터미널이나 관공서를 기준으로 모여 있는 형태였다. 또한 대중교통이 가장 밀집한 곳이 주요 상권의 모습이었다.

서울시의 경우 1970년도에 인구 550만 명을 돌파했고, 이후 1974년에 인구의 집중화로 인해 한강을 기준으로 한 '삼핵 도시안'을 설계하게 되었다.

당시에는 모든 산업과 상권은 강북에 밀집되어 있던 시기였고, 강남은 강북에 기대어 먹고사는 베드타운에 불과했다. 이후 강남 대개발이 시작되었는데 연령대 있는 독자라면 주현미의 〈비 내리는 영동교〉, 〈신사동 그 사람〉, 혜은이의 〈제3한

[자료 1-1] 삼핵도시안 개념도

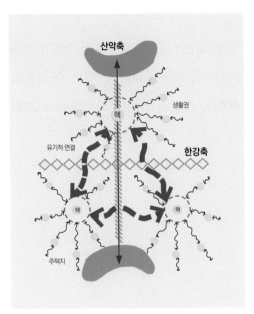

산악축

생활권

핵

유기적 연결

한강축

핵

핵

주택지

출처 : 서울특별시사편찬위원회, 《서울육백년사》 제6권

강교), 양희은의 〈작은 연못〉, 윤수일의 〈아파트〉라는 노래를
기억할 것이다. 강북에서 강남으로 떠날 때와 도시화로 인한
시골의 풍경, 대규모 아파트를 개발할 때의 노래들이 많이 만
들어지던 시대다. 또한 이 시기에는 우리나라의 건축기술이
발달하면서 모든 건축물이 고층화로 바뀌기 시작했고, 주요
도시의 공간마다 인구가 집중되는 현상이 나타나게 되었다.

인구의 집중시기로 본다면 공업화 이후로 볼 수 있지만, 당
시의 자료가 많이 부족해 분석 대상에서 제외하고, 1990년대

제1기신도시의 개발로 인한 인구 이동 시기부터 상권 변화에 대해 설명하겠다.

앞에서 과거의 상권을 언급한 이유는 과거의 상권에서 변화되는 과정을 알아야 상권의 특성을 이해할 수 있고, 놀이문화의 변화로 인한 상권 변화와 상권의 라이프 사이클을 이해할 수 있기 때문이다.

이제부터 1991년 제1기신도시의 입주 시기부터 자세히 설명하도록 하겠다.

02 도시 개발과 인구 이동

    1990년에는 이미 서울시 인구가 1,000만 명을 돌파했고, 이 시기에는 인구를 도시 외곽으로 분산시키는 전략이 필요했다. 이때 개발을 시작한 것이 제1기신도시다.

    제1기신도시는 경기도 성남시의 분당신도시, 고양시의 일산신도시, 부천의 중동신도시, 군포시의 산본신도시, 안양시의 평촌신도시로서 총 다섯 개다. 본격적인 대규모 인구 이동 시작은 1991년 제1기신도시 입주 시기부터 시작되었고, 상권의 변화도 이때 나타나기 시작했다. 과거에는 상권이 집중되어 다양한 연령대가 한 공간에서 상권을 이용했는데, 이때부터 상권 특성의 분리가 시작되었다고 할 수 있다.

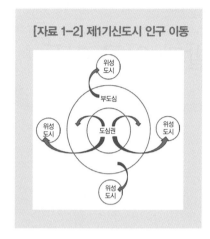

[자료 1-2] 제1기신도시 인구 이동

[자료 1-2]의 경우 1991년 위성도시 개발로 인구가 최대 약 30만 세대(인구수 120만 명 정도)가 입주하는 시기에 해당된다. 이 시기에 기억해야 할 것이 바로 도시 공동화 현상이다. 도심권에 직장을 가지고 있던 성인들이 주거지역이 멀어지게 되어 일찍 주거지역으로 이동하게 되면서 도심권 상권에 공동화 현상이 나타나게 되었다.

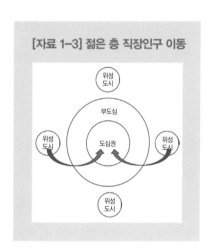

[자료 1-3] 젊은 층 직장인구 이동

[자료 1-3]의 경우 2000년대 중반부터 베이비붐 세대의 은퇴와 제1기신도시에 입주한 어린 연령층이 성장해 성인이 된 이후 직장을 위해 도시로 이동해 고시원과 도시형 생활주택이 나타나기 시작했다.

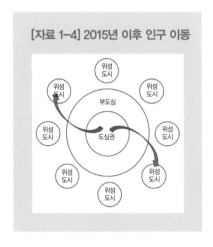

[자료 1-4] 2015년 이후 인구 이동

위성도시
위성도시
위성도시
부도심
위성도시
도심권
위성도시
위성도시
위성도시
위성도시

[자료 1-4]의 경우 도심에서 거주하던 젊은 직장 인구가 세대를 이루며 주택이 부족한 시기에 해당되어 다시 위성도시로 인구가 이동하게 된 시기에 해당되는데, 2010년을 전후해 세대를 이룬 많은 직장인이 다시 위성도시로 이동하게 되었다.

2015년 이후는 위례신도시, 동탄2신도시, 다산지구 등 다양한 공간에 입주 물량이 넘치게 되면서 도심권과 부도심권의 점포가 급격하게 줄어든 시기에 해당된다. 실제로 빅데이터의 점포 수 변화량을 분석해보면 [자료 1-5]와 같은 현상이 극명하게 나타남을 알 수 있다.

[자료 1-5]를 보면 먼저 서울시의 경우 2015년 점포 수가 408,714개에서 2018년 6월 점포 수가 330,089개로 줄어든 것을 알 수 있다. 무려 78,625개가 줄어든 것이다. 그러나 경기도의 경우 2015년 점포 수가 421,176개에서 2018년 6월까지 557,227개로 총 136,051개가 늘어났다. 인천시의 경우도 2015년 99,177개에서 2018년 6월까지 130,304개로 총 31,127개가

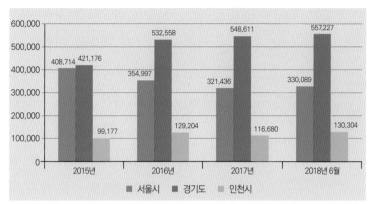

출처 : 국가 공공데이터(2015년 12월~2018년 6월)

늘어났다. 2018년 주 52시간 근무단축제 및 최저시급 8,350원 발표와 관계없이 서울시는 점포가 줄어들었으며, 경기도와 인천시에는 점포가 늘어났다. 서울, 경기도, 인천시 점포 총량의 변화를 본다면 88,553개가 늘어난 것을 알 수 있다.

이러한 현상은 도심 인구가 급격하게 수도권으로 이탈하고 있는 까닭에 도심권의 점포가 수도권으로 이전하고 있음을 말해주고 있고, 다시 도심공동화 현상이 나타날 수 있음을 보여주고 있다.

2018년 이후의 데이터는 예상하건대, 서울시는 지금보다 훨씬 많은 점포가 줄어들 것이고 수도권에는 특별한 외부적 요인이 개입하지 않는다면 훨씬 많은 점포가 늘어날 것이다.

지방의 경우 부산을 제외하고는 위성도시를 만들 수 있는 인구 수를 가진 곳이 없다. 그 때문에 위성도시까지의 분석보다는 부도심까지의 분석이 가장 적합하다고 할 수 있다. 따라서 지방에서는 위성도시를 만들어 인구를 늘리는 곳에 투자하는 것은 정말 위험한 투자 방식에 해당된다. 서울시의 인구가 1,000만 명 가까이 되었을 때 새로운 위성도시를 개발했다는 것을 기억해야 한다.

03 상권의 변화

1. 놀이문화의 변화

인구가 이동할 때 다양한 상권의 변화가 있었음을 기억해
야 한다. 이에 따라 문화도 변화되었다는 것을 기억해야 할 것
이다.

과거에는 지역 특성에 의한 지역 문화에 의해 상권이 형성되
었다면, 1990년대 이후에는 상권이 이동하게 되면서 상권의 특
성이 만들어지게 되었다. 이때의 상권의 특성은 연령대에 의해
만들어지게 되었다는 점이다.

한국전쟁을 치르고 난 이후 우리나라는 군사문화에 의해
많은 곳에 상권이 형성되었다. 군사문화에 의해 만들어진 상

권 주변에 많은 유흥시설과 집창촌이 발달되었던 게 그 예다. 그러나 시대가 변화됨에 따라 문화에 의한 상권이 형성되기 시작했다. 1970년대의 미팅문화를 기억해보자. 어린 연령층은 분식점과 롤러스케이트장을 만남의 장소로 이용했다면, 직장인의 경우 다방과 경양식 레스토랑에서 돈가스나 오므라이스를 먹고 나이트클럽에 가서 미팅을 했다. 이러한 서양문화의 유입과 빠른 경제성장으로 인해 1980년대로 넘어오면서 서양식 제과점이 나타나기 시작했고, 만남의 장소도 바뀌게 되었다.

서양문화가 유입되는 곳은 역시 인구가 가장 많이 밀집된 서울과 부산이 가장 빨랐다. 이런 대도시에서는 일본식 문화인 가라오케 형태의 룸살롱과 단란주점이 상권을 차지하게 되었다. 이후 1990년대를 전후해 커피전문점이 나타나면서 다방이 사라지게 되고, PC방과 실내낚시터, 노래방, DDR이라는 복합적인 놀이 문화가 생기면서 상권의 구분이 가속화되었다. 당시 압구정동의 오렌지족에서부터 X세대, Y세대 등 다양한 신조어가 등장하게 되었다.

1990년대 이후 우리나라에는 고급 스포츠가 주목을 받기 시작했다. 그중에 대표적인 것이 스키, 골프장과 골프연습장, 자동차 경주장 등 다양한 고급 스포츠가 나타나면서 성인들의 놀이문화에 변화가 일어났다.

2000년대를 넘어서면서 성인들은 등산, 인라인스케이트, 자전거 등 새로운 스포츠에 주목했고, 젊은 층에서는 클럽문화가 발달하게 되면서 상권의 변화가 다시 나타나게 되었다. 스포츠 분야에서도 과거에는 복싱이나 유도, 태권도, 씨름, 레슬링 등 주로 투기 종목이 인기를 끌었다면, 축구와 야구, 농구 등 구기 종목으로 바뀌면서 점점 도구를 사용하는 놀이기구로 발달하고 있다.

앞으로 미래에 발달할 수 있는 산업을 예측해본다면 드론 산업과 낚시 산업으로 발달할 가능성이 많이 보인다. 드론 산업의 경우 군용 드론을 제외하고 배송 시스템, 드론 서바이벌 게임, 드론 경주, 드론 관제탑 등 다양한 분야로 발전하게 될 것이고, 기존의 등산전문점이나 골프전문점 등이 드론 산업 관련 전문점으로 바뀌게 될 가능성이 크다. 드론 산업은 전형적인 키덜트 산업의 하나로 아이와 부모가 함께 즐길 수 있는 산업으로 발전할 수 있을 것으로 보인다.

낚시 산업의 경우 주요 선진국에서는 상당한 고급 스포츠 중 하나로, 요트 산업과 낚시 대여 및 낚시 관련 제품의 생산으로 변화될 가능성을 가지고 있고, 이 역시 다양한 공간에 낚시전문점과 실내낚시터 등 다양하게 변화될 가능성을 가지고 있다. 이러한 산업의 발전으로 미래에는 레저 관련 놀이 문화가 발달하게 될 것으로 보이며, 다양한 실내 레저 놀이 문화로 발전

될 가능성을 가지고 있다. 또한, 이렇게 다양한 놀이문화가 발달되어야만 창업업종의 분류가 많아질 것이다.

우리나라는 극히 제한적인 창업이 이루어지고 있는데 그중에 대표적인 것이 먹는 사업, 즉 음식업이다. 부가적으로 추가해본다면 노래방, PC방, 편의점이나 카페전문점, 학원시설 등으로 제한되어 있다. 창업업종이 제한되어 있으면 그만큼 경쟁이 심화되고, 이로 인해 폐업자는 늘어나게 된다. 결국, 수요와 공급 법칙을 이길 수 없다. 다양한 창업 문화가 만들어지게 되면 다시 점포가 부족해지는 현상이 나타날 것이며, 창업 업종이 집중화되지 않고 분산되면서 상권의 안정화를 찾을 것이다.

2. 주된 상권과 종된 상권의 등장

인구가 이동하고 놀이문화가 변화되게 되면 상권의 구성 또한 변화된다. 그것이 바로 주된 상권과 종된 상권의 개념이다 ([자료 1-6]).

주된 상권과 종된 상권은 상호 보완적인 역할을 하기도 하지만 서로 경쟁관계에 있기도 하다.

주된 상권이란 가장 대형화되어 있는 상권으로 주로 교통

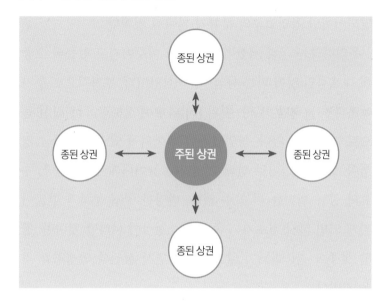

집결지나 집객성 있는 시설에 의해 만들어진다. 주로 젊은층이 집중적으로 모이는 상권이나 성인들만의 특성을 갖춘 상권의 모습, 그리고 신도시나 뉴타운에서 가장 점포들이 많이 모여 있는 곳을 말한다.

종된 상권이란 주된 상권을 제외하고 부분적 상권이 만들어지는 곳을 말한다. 주거지역 인근이나 업무지역 인근 등 배후지의 특성에 맞추어서 만들어진 상권을 말한다. 주의할 점은 주된 상권이라고 해서 투자하기 좋고, 종된 상권이라고 해서 투자하기 나쁜 상권이라는 것은 아니다. 오히려 종된 상권이 주된 상권보다 안정되고 운영이 더 잘되는 경우가 많이 있다.

상권은 하나의 점포가 영업을 하다가 유동인구가 모이기 시작하면서 점포가 늘어나게 되고, 늘어난 점포가 군집을 이루면서 상권을 만들어가게 된다. 이것이 바로 주된 상권이며 이렇게 늘어난 점포가 어느 공간이든 뻗어나가려고 할 때 바로 길을 따라 점포가 늘어나게 되며, 그 길을 따라 이동하다가 다른 공간에 새로운 상권을 만들게 되는데, 그것이 바로 종된 상권에 해당된다. 따라서 주된 상권과 종된 상권은 서로 도움을 주고받으며 유동인구를 주고받는 역할을 하게 된다. 결국 상권 분석은 범위를 지정해 분석하면 실패하게 되어 있다.

3. 상권 특성의 구분

인구가 이동하면서 직장인 상권, 젊은 층 상권, 어린 연령층 상권, 교육시설 상권, 의료시설 상권 등으로 구분되는 상권의 특성을 보인다.

과거 시장으로 국한되었던 상권이 대중교통의 연결과 신도시 및 뉴타운의 건설로 인해 상권이 변화된 사례를 많이 볼 수 있다. 서울에서는 영등포역, 천호역, 이대 상권, 신촌역 상권, 홍대입구역, 미아사거리역, 건대입구역 등이 있으며, 수도권에서는 인천역, 부평역, 부천역, 수원역, 의정부역, 하남 시청역, 충남 당진 등 이루 헤아리기 어려울 정도로 많은 상권이 변화를 보이고 있다.

상권이 변화되는 과정에 새로운 상권이 만들어지고 기존의 상권이 소멸되거나 다시 새로운 상권으로 변화되는 모습을 많이 볼 수 있다. 이런 모습은 상권의 라이프 사이클과 연관되어 있다.

제 2부

상권의
라이프 사이클

상권은 생명체와 같다.
같은 공간에서 커지기도 하고 작아지기도 하며,
때로는 중심 공간이 이동하기도 한다.
새로 만들어지는 상권이 있는 반면,
소멸되어 사라지는 상권도 있다.

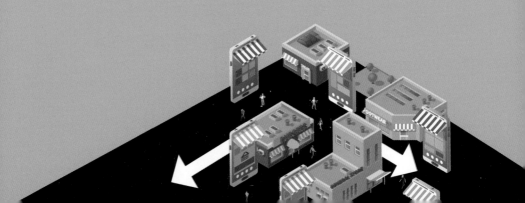

01 상권의 라이프 사이클

인구 이동과 뉴타운, 신도시 개발, 버스전용차로제 도입, 대중교통의 발달, 새로운 지하철의 개발 등으로 입지에 변화가 생기면 상권에도 변화가 나타나는데, 이때 나타나는 것이 바로 상권의 라이프 사이클(생명주기)이다.

상권의 라이프 사이클은 재래형 상권이 만들어진 곳과 인위적으로 만들어진 개발형 상권에 따라서 달라진다.

1. 자연발생형 재래형 상권

재래형 상권은 유동인구가 나타나기 시작하면서 점포가 하나씩 생겨나는 상권을 말한다. 바꾸어 말하면 선 유동인구 후 점포의 모습으로 이해할 수 있다. 하나의 상권이 형성된 공간에서 다양한 업종이 상가에 입점했다가 다시 다른 업종으로 바뀌게 된다. 전체적인 점포의 총량은 변화가 크지 않다. 그러나 집중화되어 있는 상권 주변에 일부 새로운 상가가 나타나는 모습을 보여준다.

과거의 주요 상권들이 시장을 기반으로 한 모습이었지만, 현재는 과도기인 천이기를 거쳐서 상권의 변화가 생긴 곳이 많다.

[자료 2-1] 재래형 상권의 라이프 사이클

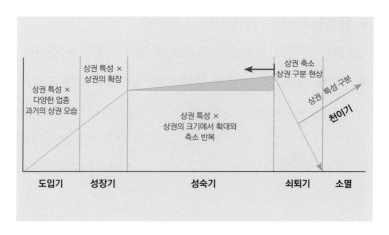

상가 형성 원리를 알면 부동산 투자가 보인다

1) 도입기

도입기 상권은 관공서, 대중교통 밀집지역, 터미널, 지하철, 기차역 등 한 지역에서 가장 많은 인구가 모이는 것이 가능한 시설과 연관되어 만들어진다. 다양한 연령대가 한 상권에서 복합적으로 이용하는 것을 말하며, 상권의 특성이 정해지지 않았다. 따라서 각 지역의 문화에 의한 상권이 형성된 시기에 해당된다. 이러한 시기에는 유동인구의 동선을 따라 상권이 군집을 이루게 된다. 예를 들면 버스 정류장에서 관공서까지의 길, 기차역에서 주거지로 이동하는 길에서 상권이 나타난다.

1층의 경우 판매업에 기반한 상권이 형성되고 건축물 뒷면으로 들어가기보다는 건축물의 위층으로 서비스업이 입점해 있게 된다. 재래형 상권의 도입기는 시간이 오래 걸리는 특징을 보인다. 오랜 시간을 지나오면서 인구 유입이 이루어지면서 상권의 형태를 갖춰간다.

2) 성장기

성장기 상권도 상권의 특성을 구분하지 않고 다양한 연령대를 소비자로 한 업종들이 모이기 시작하는데 동선상의 상권에서 확대된다. 이때는 배후지의 특성에 의해 상권의 방향이 결정되는데, 만약 주된 동선(도로)이 넓을 경우에는 한쪽 방향으로 확대되는 모습을 보여주지만, 주된 동선(도로)이 좁은 경우에는 양옆으로 확대되는 경향도 보인다.

확대된 상권에서도 판매업과 서비스업이 복합적으로 혼재된 모습을 보여준다. 예를 들면 판매업 옆에 식당이 있으면서 문 닫은 옆 점포의 앞 공간을 활용하는 모습을 기억하면 이해가 쉽다. 성장기 초기에 대부분 상가권리금이 형성되기 시작하고, 초보 투자자들의 경우 상권의 크기를 짐작할 수 있기 때문에 비교적 투자가 쉽다.

3) 성숙기

성숙기 상권의 특성은 이미 모든 업종이 자리를 잡고 있다는 점이다. 따라서 유동인구는 어느 상권을 가면 어떤 업종들이 모여 있는지 이미 알고 있는 상태다. 지속적으로 유동인구가 유입되고, 상권 외곽에 새로운 주거환경이 지속적으로 형성됨에 따라 상권 주변에 새로운 점포가 부분적으로 나타났다가 사라지고 하는 현상이 나타난다.

성숙기 때의 상권 성장은 크지 않다. 임대료나 권리금 또한 크게 변화가 없고, 대부분이 인플레이션 현상에 의해 가격이 상승하게 된다. 성숙기에는 이미 상권 내의 건축물과 주변 주거환경의 건축물이 오래되어 재건축이 필요한 시기다. 이러한 공간이 바로 도시재생사업이 필요한 공간에 해당된다.

[자료 2-2]의 경우 관공서나 대중교통 밀집지역, 기타 유동인구를 모아주는 시설을 기준으로 상권이 형성되고 상권 배후 주거환경에 주거지역이 밀집되었다. 다시 외곽에 주거환경이 개발되어 버스 정류장을 기준으로 유동인구가 버스를 타고 주거지역으로 이동하게 되면서 상권 특성에 변화를 가져오게 된다.

[자료 2-2] 구도심의 형성

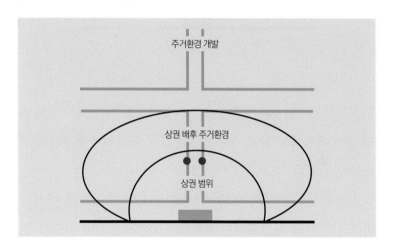

우리나라 상권의 대부분은 지역 외곽에 주거환경이 갖춰지면 그 공간에 새로운 상업지를 만들게 되어 기존의 재래형 상권에 변화가 생긴다. 이때 상권 배후 주거환경 구역의 건축물이 노후화되고 지역이 슬럼화 현상을 가져오게 된다. [자료

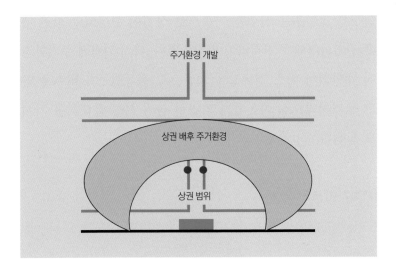

2-3]은 외곽에 주거환경개발이 지속적으로 이루어지게 되면서 상권 배후 주거환경이 슬럼화된 곳으로 도시재생사업이 필요한 공간이다.

그러나 상권 특성의 변화는 [자료 2-1]에서 성숙기 마지막 지점의 빨간색 화살표에서 보듯이 이미 수년 전에 상권이 변한다는 신호를 보내주고 있다. 단지 그것이 내 점포, 내 상가에 보내는 신호인지를 모르고 있을 뿐이다.

4) 쇠퇴기

상권 내부에서 영업 중인 점포나 상가 투자자에게 가장 위험한 시기에 해당된다. 대부분의 점포주는 연령층이 높아 상권 변화에 대처를 못하는 것이 현실이다. 그러나 전문가들은 배후의 개발을 보고 남아 있을지, 매각을 할지를 이때 선택하게 된다. 쇠퇴기의 상권은 더 좋은 상권으로 바뀔 수도 있지만, 상권 자체가 소멸되어 사라질 수도 있어 위험하다.

쇠퇴기 상권의 기간이 길어질수록 점포의 매출이 하락하게 되고, 권리금 또한 받기 어려운 상황에 부딪히게 된다. 명심해야 할 것이 쇠퇴기는 반드시 먼저 알려준다.

5) 천이기

천이기 상권은 상권 특성이 변한다. 기존의 재래형 상권의 특징인 다양한 연령대가 상권을 이용했다면 이때부터 각 공간 특성별로 어느 연령대의 유동인구가 남아 있느냐에 따라 상권 특성이 바뀐다.

상권 중에 몇 군데 예를 들어보자.

인천 부평역 상권의 경우 과거 인천지역 전체를 담당하던 도매시장의 특성을 보여주었는데, 인천지하철 1호선이 개통되면서 직장인은 지하철을 이용해 연수구 방향이나 계양구 방향으로 환승해 바로 이동하게 됐다. 그러면서 부평역 상권에는 젊은 층과 노년층이 남게 되었는데 결국 젊은 층 상권으로 바뀐 가장 좋은 예 중 하나다.

충남 당진군청이 있던 상권 또한 재래형 상권의 모습이었지만 당진군청이 이전하면서 공무원 및 관련 업무 종사자들이 이동하게 되었고, 역시 어린 연령층과 노년층만 남게 되었다. 자연스레 어린 연령대 상권으로 변화하게 되었다.

경기도 하남시청 인근의 하남시장과 덕풍시장도 풍산지구 개발과 미사지구 개발로 주거환경이 급격히 이동하게 되면서 과거의 모습이 사라지고 이제는 어린 연령층이 이용하는 상권으로 변화되었다. 그 외에도 많은 곳이 천이기 현상을 보여주는 공간이 많지만 지면 관계상 생략하기로 한다.

한편 천이기가 쇠퇴기의 어느 시점에 나타나는지를 아는 것이 매우 중요하다. 만약 쇠퇴기 초반에 나타난다면 다행이지만, 특정 상권의 경우 쇠퇴기 후반에 나타나는 경우도 있다. 쇠퇴기 후반에 나타날 경우 영업이나 상가 투자자들은 엄청난 스트레스를 받게 될 것이다.

6) 소멸

이제 이 지역의 상권은 그 생명을 다하게 되었다. 상권은 살아 있는 생명체와 같다. 상권 형성이 완료되면 숨을 쉬듯 커졌다가 작아지기도 하고, 유동인구 집중 공간을 조금씩 왔다 갔다 하면서 이동도 한다.

그러다가 그 생명이 다하게 되면 상권이 사라지게 되고 아주 조그마한 상권으로 축소되어 상권이 있었다는 흔적만 남은 채 시간의 흐름을 기다리고 있는 곳이 많다. 이런 곳도 도시재생사업을 진행하게 될 공간이다.

지금까지 재래형 상권의 라이프 사이클을 공부했다. 각 기에 해당하는 시기에 투자는 투자자나 창업자의 목적에 따라 시기가 달라질 수 있다. 예를 들면 초기 상권에 투자해서 영업 활성화를 통해 권리금을 위한 투자자도 있을 것이고, 상가 투자를 통해 매각차익을 기대하는 투자자도 있을 것이다. 그러나 안정된 투자를 희망하는 투자자나 창업자는 성장기와 성숙기 시기에 투자할 것이다. 또는 개발에 대한 기대로 소멸기에 투자하는 투자자가 존재할 것이고, 도입기와 같이 천이기 초기에 투자할 투자자도 있을 것이다. 어느 시기에 투자하고 매각할 것인가는 각 투자자의 성향에 따라 달라진다.

2. 개발형 상권 라이프 사이클

개발형 상권은 과거의 낙후된 공간을 도시설계로 주거와 주거환경, 상업지를 구분해 인위적으로 설계를 한 상권을 말한다. 쉽게 말하면 선 점포, 후 유동인구의 순으로 상권이 형성되는 것이다.

재개발, 재건축, 신도시 개발사업, 뉴타운 개발 사업 시 인위적으로 상업지를 지정하고, 상가 건축물의 건축 후 창업자를 유도하는 형태다.

그러나 문제점은 이러한 도시에 인구 유입이 언제 이루어지느냐가 매우 중요하다. 분양 100% 완료되었다고 하는 것은 입주가 100% 완료된 것은 아니다. 착각하지 말아야 한다. 입주 완료가 3년 걸릴 수도 있고, 10년 걸릴 수도 있다.

자연발생형 상권보다는 시간이 짧지만, 과거에 비해 분양가 및 임대가격이 매우 높은 상태에 해당되며, 공실일 때는 금융 비용과 상가 관리비용이 문제 되는 경우가 많다.

[자료 2-4] 개발형 상권 라이프 사이클

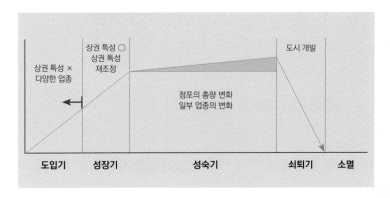

상가 형성 원리를 알면 부동산 투자가 보인다

1) 도입기

개발형 상권은 상가 건축물이 주거 건축물보다 먼저 개발되거나 일부 개발자는 주거 건축물이 완성되는 시기에 건축하는 경우도 있다.

도입기에는 상권 특성이 확정되지 않는다. 빨간색 화살표 이전에 먼저 급한 대로 임차인을 채워 넣는 시기다. 따라서 업종이 무작위적으로 입점하게 된다. 그러나 주거지역의 주거민들이 늘어날수록 상권은 점차 안정화되어 간다. 개발형 상권에서 도입기는 결국 주거지역과 관련이 있다.

이 시기에 투자한 투자자나 임차인은 한결같이 이런 질문을 한다.

"그럼, 언제쯤 주거지역이 채워질까요?"

신의 영역을 필자에게 묻는다. 투자자나 이른 창업자는 이 시기에 투자를 결정한다. 여러분은 그림만 보고 상권을 알 수 있는가? 어디에 어떤 업종이, 어디에 누구를 위한 상권이 되는지를 알고 투자하는가?

이 시기에 투자한 투자자나 창업자는 자신들의 사회경험을 믿고 투자하거나 주변 지인의 소개로 투자하는 경우가 많다. 사례로 다른 신도시의 예를 보자.

하남 미사지구는 이미 상권의 라이프 사이클을 모두 겪고 나서 형성된 상권이다. [자료 2-5]의 그림을 보면 도입기 상태의 점포 입점 상황이다. 미사지구는 2013~2015년부터 입주가 시작되었지만, 3~5년이 지났음에도 불구하고 입점이 제대로 이루어지지 않고 있다.

[자료 2-5]에서 점포 배치와 관련된 모습을 보면 각 업종이 제대로 구성되지 못한 것을 알 수 있다. 노란색 부분이 점포가 입점할 수 있는 공간이며, 빨간색 점이 2015년의 점포의 위치다.

[자료 2-5] 2015년 12월 미사지구 점포 입점

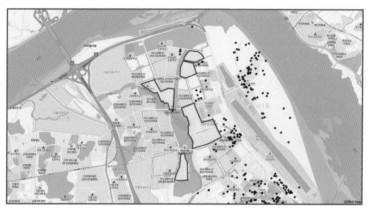

[자료 2-6]을 보면 2018년 6월까지 점포가 입점한 곳은 특정 상권을 제외하고는 아직도 점포가 입점하지 못하고 있는 상황이다(노란색 : 점포 입점 가능, 보라색 점 : 입점 현황).

도입기에 투자할 때는 가장 먼저 그 지역의 상업지역과 준

주거지역, 일반주거지역에 들어올 수 있는 점포의 규모를 파악하고, 얼마나 많은 상가 건축물이 입점할 수 있는지 숫자와 건축물의 면적을 확인해봐야 한다.

만약 상가 건축물이 100개가 들어올 수 있다면 각 건축물에 노래방이 100개가 들어올 수 있다는 것을 의미한다. 아니면 학원이 100개가 들어올 수 있다. 아니면 음식업이 300개 이상이 들어올 수 있다는 것을 의미한다. 어느 상권에 이렇게 많은 업종이 들어올 수 있는가? 그런데도 투자하는 사람이 이상한 것 아닌가?

앞에서 설명했지만, 점포가 입점할 수 있는 토지는 공원이나 도로 등 다양한 녹지지역과 아무 관련이 없다. 뉴타운과 신도시는 오직 주거환경과 연관이 있을 뿐이다.

대부분 분양회사에서 상가 MD 구성을 가상의 상태에서 구성하고 있다. 명심할 것은 가상의 MD 구성이지 확정된 것은 아니다. 이 점포는 ○○○업종이 들어오고 ×××업종이 입점한다. 어떤 병원이 들어오기로 했다. ○○○○커피전문점이 입점하기로 했다고 하지만, 실제로 입점된 것은 없다.

뉴타운이나 신도시의 도입기 상권에는 초보자들의 영역이 아니다. 반드시 전문가와 상의 후 투자하는 것이 중요하다. 아니면 반드시 공부하고 투자에 임하는 것이 좋다. 수천만 원에서 수억 원을 들여 투자하거나 창업하면서 그 정도 노력도 안할 것인가? 그 정도 노력도 안 하고 투자하는 사람이 이상한 것이지, 상가 부동산이 무서운 것이 아니다.

라이프 사이클에서 보듯이 상가 부동산은 반드시 여러 가지 신호를 준다. 단지 모르고 있어서 당할 뿐이다.

2) 성장기

성장기 상권은 어느 정도 주거지역에 거주하는 인구가 늘어났을 때를 말한다. 대부분 50% 이상이 채워질 경우 특정 공간 내에 상권이 활성화를 띤다. 이 시기에는 잘못 입점된 업종은 폐업하게 되고, 잘 투자된 상가가 부동산 경매 시장으로 넘어가는 경우도 많이 있다.

이 시기에는 상권에서 적정 임대료가 조정된다. 어떤 상가는 경매 시장에서 가격이 하락해 낙찰되고, 새로 입점하는 임차인과의 임대료가 조정되기 시작하며, 버티던 임대인은 입점을 기다리다가 금융비용과 관리비용에 지쳐 임대가격이 하락하게 된다.

이 시기에도 공실이 있는 것은 당연하다. 그러나 유동인구가 빈번하게 이동하는 동선이나 주거지와 함께 있는 상가들은 이미 점포가 모두 채워져 있다. 이제부터 업종이 분산되어 각 공간에 제대로 입점을 시작한다. 상가의 MD 구성은 이때부터 시작이다. 처음 투자하거나 창업하시는 분은 이 시기에 투자하는 것이 가장 안전하다.

3) 성숙기

성숙기 시기에는 주거지역 거주인구도 채워지고, 상권도 안정화된 시기다. 이때의 변화는 업종 일부가 변하는 것이다. 또한 오랜 시간 한 공간에서 영업하는 점포가 많아진다. 성숙기 상권이어도 모든 상가가 영업이 잘되는 것은 아니다. 지금처럼 상가가 많은 경우에는 가격 변화를 가져오지 못하는 경우도 많다.

제1기신도시에도 과거의 분양가격이 지금의 매매가격인 경우도 많이 있다. 현재의 모습에서 영업의 변화를 시도하지 않으면 점포가 많아져도 영업의 변화는 없으며 아울러 치열한 경쟁에 부딪히기도 한다.

[자료 2-7] 2015년 12월 대전시 서구 만년동 점포 분포

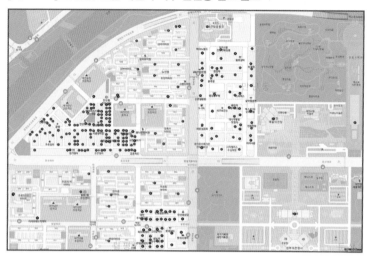

[자료 2-8] 2018년 6월 대전시 서구 만년동 점포 분포

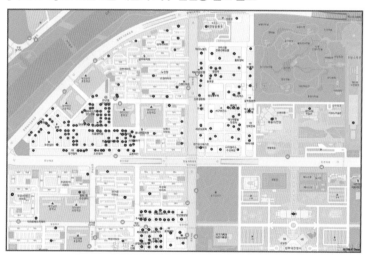

    [자료 2-7]의 대전시 서구 만년동의 사례를 보면 2015년

12월의 점포 수는 17,868개이며, [자료 2-8]은 2018년 6월에 26,305개로 늘어났다. 그러나 현재의 모습에서 영업은 더 이상 성장하기는 어려울 것이다.

성숙기에서 쇠퇴기로 갈 때 주거지역의 노후화로 인해 재건축되지 않는 경우에는 상권이 지속적으로 유지된다.

4) 쇠퇴기

재건축 소문이 돌기 시작하면 상권은 쇠퇴기에 접어든다. 새로운 임차인이 나타나지 않으며, 기존의 임차인은 이 공간에서 떠나야 한다.

쇠퇴기는 두 가지 상황에 따라 다르게 나타난다. 상업지가 재건축 설계안에 포함된 경우와 제외되는 경우가 있다.

먼저 설계안에 포함된 경우 자연스럽게 함께 소멸되지만, 설계안에 포함되지 않을 경우 대부분 쇠퇴기 기간은 재건축 후의 입점 시기까지 이어진다. 재건축의 경우 대부분 세대 수가 증가하기 때문에 점포 임차인은 기대감으로 버티기에 돌입하게 된다.

[자료 2-9]에서 서울 강동구 둔촌동의 경우 재건축 지역과 상업지의 구분으로 인해 재건축 시작과 함께 점포 수가 줄었다. 그러나 현재 남아 있는 점포는 재건축 이후의 상업지 활성화에 대한 기대감으로 매출하락에도 끝까지 남아 있다.

[자료 2-9] 서울 강동구 둔촌동 상권 점포 수 변화

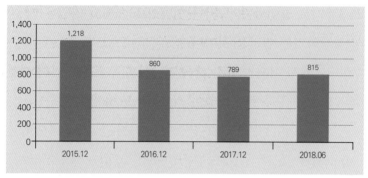

출처 : 국가 공공데이터(2015년 12월~2018년 6월)

5) 소멸

상권에서 기존의 상권이 개발되지 않는 이상 실제로 소멸되는 사례는 거의 없다. 대부분 다른 모습으로 바뀌게 된다. 좋은 상권으로 만들어지든, 안 좋은 상권으로 만들어지든 하는 것은 별개의 문제다.

소멸되는 이유는 재건축이나 재개발로 새로운 상업지를 설계하면서 기존의 상권을 철거하기 때문이다.

제 **3** 부

대중교통의 특성과 이동

대중교통 이용 변화에 따라
상권이 소멸되거나 새로운 상권이 만들어진다.
주요 특성을 알지 못하면
상권을 이해할 수 없다.

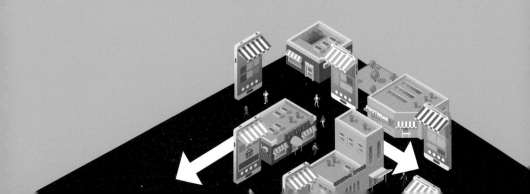

01 기차역

 기차는 우리나라의 주요 교통수단으로 전국 단위의 이동수단으로 활용되었다. 따라서 기차역이 생긴 여러 지역에 버스터미널과 연계해 유입인구가 늘어나게 되었고, 자연스럽게 거주인구 또한 증가하게 되었다. 거주민과 외부에서 방문하는 인구의 증가가 상권을 번성하게 했다. 기차역과 터미널의 연계는 거주인구와 유동인구의 유입으로 생산활동과 상업활동이 번성하는 계기가 되어 지금의 구도심 형태가 되었다.

 그러나 KTX, GTX 등 고속철도의 등장으로 과거의 기차역은 사라지기 시작했고 구도심의 문제점이 발생하게 되었다. 첫 번째는 모든 역이 크다 못해 거대하다. 이 거대한 시설에 가장 기본적으로 구성되는 것이 상업시설이다. 역 내에 많은 상업시설을 갖추고 있기 때문에 주변 상권을 이용할 이유가 없다. 따라서 고속철도가 들어온다고 주변 상권에 도움을 줄 것이라는 생각은 버려야 한다.

[자료 3-1] 광명역 설계 도면

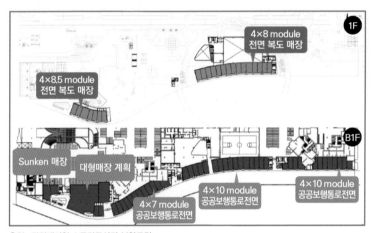

출처 : 광명데시앙 스트리트상가 분양도면

두 번째는 고속철도를 이용하는 사람은 기본적으로 바쁜 사람들이다. 빠르게 이동하고 싶어 한다. 교통수단의 속도가 빨라지면 빨라질수록 그 공간에서 빨리 벗어나면서 유동인구의 상권이탈 현상이 나타난다. 이 현상의 주된 원인은 역과 버스정류장과 지하철이 인접해 있기 때문이다.

[자료 3-2] 광명역 환승구간

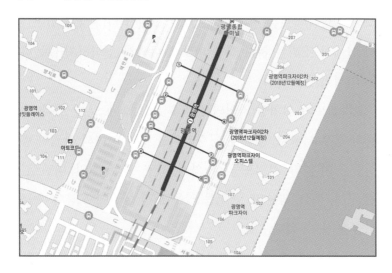

　지면의 특성상 광명역을 기준으로 설명하고 있지만, 모든 고속철도역은 역과 버스 정류장, 지하철역이 함께 구성되어 있다. 상권을 형성시키기 위해서는 유동인구가 상권을 통과하는 구조가 되어야 하는데 버스 정류장과 지하철역이 상권 진입을 막고 있다. 역에서 내렸는데 바로 버스나 지하철역이면 누가 상권을 이용하겠는가? 바로 약속장소나 목적지로 이동할 것이다. 특히 역과 터미널의 인접, 역과 지하철, 역과 백화점 및 복합몰은 지역 상권을 완전히 무너뜨리는 역할을 한다.

　고속철도역 주변의 상권을 살리기 위해서는 업무시설과 주거시설이 갖추어져서 고속철도를 이용하는 사람이 그 지역을 벗어나지 못하게 해 상권을 이용하게 하거나 아예 분석 대상에서 고속철도를 장애요인으로 인식해야 한다. 유동인구는 역 안에서 소비를 하고 상권 외부에 나와서 소비하지 않는다는 인식이 필요하다.

고속철도가 위치한 지역의 상권을 보면 쉽게 알 수 있다. 서울의 경우 서울역, 용산역, 청량리역을 보면 주변의 상권이 번성한 곳이 없다. 경기도 일산, 화서, 광명, 오산, 천안, 대전, 김천 구미, 부산, 광주역 등 모든 역을 보면 상권에 도움을 주는 모습을 볼 수 없다.

지방의 경우 오히려 지역 상권을 소멸시키고 있는 것을 알 수 있다. 특히 각 역의 설계도면인 [자료 3-1]을 보면 주변 상권에 영향을 주지 못하는 이유를 알 수 있다. 기차역이 대형화되면서 대부분의 점포들이 기차역사 안에 형성되어 있기 때문이다. 과거의 기차역은 대부분 소규모 형태로 만들어졌고, 도로의 폭이 좁아 상권으로의 진입이 가능했지만, 현재는 기차역사 주변의 도로가 넓어졌다. 또한 버스정류장도 역사 앞에 형성되어 있어 기차역과 상권을 끊어버리는 역할을 해서 상권에 도움을 주지 못한다.

02 지하철

도시 내부에는 다양한 교통수단이 형성되어 있지만, 그중에 대표적인 것이 바로 지하철이다. 지하철은 동일한 시간에 가장 많은 유동인구를 이동시키는 최고의 교통수단이다. 지하철역의 존재 유무가 그 지역 부동산 가격에 막대한 영향을 미친다. 특히 상권의 경우 그 영향력은 막강하다.

그러나 지하철역은 긍정적인 영향력과 부정적인 영향력을 동시에 가지고 있다. 유동인구를 모아주기도 하지만, 빠른 속도로 공간에서 벗어나게 하는 현상이 동시에 존재하기 때문이다. 그리고 지하철역에서 외부로 빠져나가는 공간 설계방식에 따라 상권에 도움을 주기도 하고, 도움을 주지 않는 경우도 있다. 이것은 더블 역세권, 트리플 역세권도 마찬가지고, 기차역에도 동일하게 적용된다.

지하철역 또는 한 공간에 기차역과 지하철역이 여러 개 생길 경우 상권 특성이 바뀌거나 상권력이 약화되는 경우가 나타난다.

역세권에서 상권을 분석하기 전에 다음의 여섯 가지 주된 상권이 형성되는 규칙을 알면 상권이 형성될 공간을 미리 알 수 있다.

1. 역세권에서 상권이 형성되는 규칙

1) 인도 폭이 충분히 넓어야 한다

역세권에서 상권이 형성되려면 먼저 인도 폭이 넓어야 한다. 인도 폭이 좁으면 사람들은 그 공간에서 빨리 벗어나고 싶어 한다. 하지만 인도 폭이 너무 넓어도 사람들이 점포 쪽으로 다가가지 않고 쉽게 그 공간을 벗어난다.

인도 폭은 3~5m 정도가 좋은데 일반적으로 사람들이 점포 앞에 서 있어도 다른 사람들이 편하게 지나갈 수 있는 넓이면 좋다. 인도 폭이 넓을 경우에 노점상이 위치하고 있으면 유동인구를 점포 쪽으로 가깝게 붙여주는 역할을 한다.

많은 점포주들은 노점상이 있으면 영업에 지장이 있을 것이라 생각하지만, 오히려 반대 현상이 나타난다. 노점상은 유동인구를 잠시 멈추게 하고, 주변을 둘러볼 수 있는 역할을 한다. 그리고 노점상과 점포의 업종은 서로 다른 특성을 가지고 있다. 서로 다른 특성이 모인 것이 상권이라는 것을 알면 쉽게 알 수 있다.

2) 골목길이 있으면 유동인구를 모아준다

상권을 형성시키기 위해서는 골목길이 존재해야 한다. 골목길은 스펀지와 같은 역할을 한다. 다시 말해, 유동인구를 골목길에 가둬두기 때문에 상권 전체에 도움이 된다. 만약 인도 폭이 좁으면서 골목길이 나타나면 유동인구는 골목길로 들어가게 된다.

대로변은 주로 업무시설과 관련 있고 시계성으로 인한 목적구매형태의 업종들이 많은 것을 알 수 있다. 예를 들면 병원시설, 학원시설, 자동차 영업소, 방문판매회사 등을 많이 볼 수 있다.

골목길에서도 상권이 번성하는 순서가 있다. 골목길에 상권이 빠른 속도로 번성하기 위해서는 기본 조건이 필요하다. 그 조건 중에는 기존 상권이 존재하는 것이 좋고, 그 상권이 시장이어도 도움이 된다. 실제로 많은 상권 중 로데오거리가 된 상권 중에 시장에서 변화된 상권이 많다.

[자료 3-3]을 보면 진입로에서 가까운 골목은 2번이지만, 다음 골목인 1번이 넓어서 먼저 번성한다. 창업하려는 창업자의 입장에서 보면 유동인구가 많이 이동할 수 있는 공간에 우선 창업한다.

두 번째는 진입로에서 가까운 ②번 골목길을 선택한다. 큰 골목이 우선 번성하겠지만 다음 선택 기준은 점포는 좁더라도 유동인구가 이동할 수 있는 골목길에 창업한다.

세 번째는 ③번 골목길을 선택한다.

네 번째는 방향 A와 방향 B 중 어느 방향으로 이동할 것인가 하는 문제다. 젊은 층 상권은 대부분 대중교통과 가까운 방향으로 상권이 번성하고, 주거지로 퇴근하는 성인의 경우 환승하는 공간으로 이동한다.

[자료 3-3] 골목길에서 상권 확산 순서

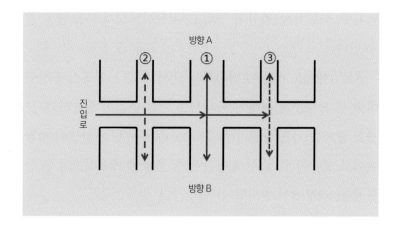

마지막으로 보행하기 편한 곳을 선택한다. 사람들은 오르막 길이나 장애요인이 있을 경우 피하게 된다.

골목길이 없으면 유동인구는 빠른 속도로 상권 외부로 빠져 나가는 현상이 강하다.

특히, 로데오거리나 패션거리 등을 만들 경우에는 새로운 공간에 상권이 번성하는 데 시간이 많이 걸린다. 지금도 많은 지역에 차 없는 거리, 패션거리, 로데오거리 등을 만들고 있지 만, 실질적으로 잘되는 곳은 많지 않다.

이렇게 특정 명칭의 거리가 잘되지 않는 주요 이유 중 하나는 잘못된 입지에 기반을 둔 것이 대부분이다. 대표적인 잘못된 입지는 지하철과 대중교통이 밀집한 지역에 도로가 4차선 이 상이며, 가드레일이 설치되어 있고, 관공서로 향하는 거리다.

3) 버스 정류장과의 거리가 멀다

지하철과 버스 정류장은 서로 거리가 멀면 상권 형성에 도 움을 준다. 유동인구가 상권을 통과하기 때문이다. 반대로 역 과 버스 정류장이 인접해 있으면 유동인구는 상권을 이용할 이유가 없다. 주로 지하철역에서 주거지로 이동하는 공간에서 가장 많이 나타나는데, 대표적인 사례가 판교, 부천 송내, 동 탄신도시이며, 이들 지역에서는 상권이 번성하지 못하는 것 을 볼 수 있다.

[자료 3-4] 부천 송내역 환승구간

    과거에 송내역 상권은 부천지역과 부천과 인접한 인천지역에서 찾아오는 퇴근길 환승 상권에 해당되었다. 그러나 교통혼잡으로 인해 송내역을 기준으로 지하도로가 생겼고, 버스정류장(빨간색 원)은 송내역과 가까운 거리에 위치하게 되었다. 이로 인해 송내역 오른쪽에 위치한 성인 퇴근길 상권(빨간색 점선)이 무너지게 되었고, 왼쪽의 반달마을로 향하는 동선상에 둘리의 거리(파란색 면)라 불리는 상권만 번성하고 있는 상황이다.

    최근 송내역은 복합환승센터로 자리를 잡아 2층 지하철 출구에서 바로 버스를 이용할 수 있게 되어 송내역 오른쪽 상권은 이전보다 훨씬 더 어려움에 처하게 되었다.

　다음은 판교역 상권을 살펴보자. 판교역 상권은 초기 분양 시기부터 제2의 강남상권이 만들어졌다며 각종 언론에서 홍보했다. 그러나 강남을 대처할 상권은 아니다. 판교역 상권은 주변에 지식산업센터가 있다고 하더라도 입지 특성상 주거지 상권이 되어야 할 자리다.

[자료 3-5] 판교역 상업지

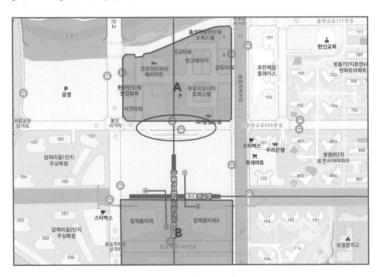

　[자료 3-5]를 보면 판교역 상권 또한 지하철에서 하차한 후 처음 만나는 곳(빨간색 원)이 버스 정류장이다. 저녁시간에 지하철에서 하차한 유동인구는 버스를 타고 바로 주거지로 이

동한다. 따라서 A공간은 확률상 유동인구가 지나가고, 멈추는 공간이 아니다.

한편 지식산업센터에서 판교 상권으로 진입할 것이라 생각하지만, 지식산업센터에서 근무하는 연령대는 젊은 연령층이 많다. 이들은 판교역 상권에서 벗어나 서현역이나 강남역 방향으로 이동하는 경우가 많다.

주거지역에서 상권을 이용할 때는 대부분 차량을 이용할 수밖에 없는 구조다. A공간 근처에 사는 거주인구는 A공간의 상권을 이용할 가능성이 있지만, 상권 크기에 비해 그 수가 너무 적다. 도로 또한 8차선 도로이며 아파트 단지 상가가 매우 발달해 있다. 이런 경우 특별한 사정이 없는 한 사람들은 아파트 내 단지 상가를 이용하게 된다.

차량을 이용해 상권에 접근할 경우 B공간의 알파돔 시티와 롯데몰로 이동하게 된다. B공간은 주거지역 사람이 이용하는 복합몰이므로 판교역 상권에 도움이 되지 않는다. 판교역 상권은 앞으로도 번성하기 어려운 조건을 가지고 있다.

다음은 동탄 신도시다. [자료 3-6]의 동탄역 또한 지하철에서 하차하면 바로 버스 정류장이 있다. 유동인구는 대부분 버스를 이용해 해당 지역에서 벗어난다. 동탄역을 이용하는 유동인구는 주거지역으로 이동해 인근의 상권을 이용하게 된다. 오른쪽 하단의 상업지역(파란색 면)이 번성하려면 많은 시간

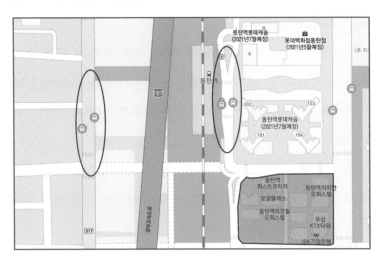

이 소요될 것이다.

　개발자는 상업지역에 상권이 번성하기 어려운 조건이라고 판단되면 가장 먼저 생각하는 것이 오피스텔이다. 여러 상업 지에 오피스텔의 공급량이 늘어나 공실이 많아지면서 분양에 어려움을 겪고 있다.

　여기에서 중요한 것은 지하철 기반의 상권이라면 버스 정류 장의 위치를 아는 것이 중요하다.

4) 주거지 밀집지역이 멀다

상권이 발달한 곳에는 주거지 밀집지역이 먼 것을 알 수 있다. 즉, 아파트가 지하철역에서 멀어서 버스로 환승하는 조건이 유리하다는 것이다.

부평역, 부천역, 건대, 강남역 등 역세권 상권을 보면 주거지 밀집지역이 멀다. 지방의 경우도 마찬가지다. 부산이나 대구, 광주, 울산시 등 번성한 상권은 대부분 상권과 주거지역이 멀다.

이러한 원인은 과거부터 주거지역이 평지에 형성되어 있었으며 대중교통이 발달하고 부도심을 형성해 주거지 밀집지역이 멀리 있어서 나타나는 현상이다.

앞으로 이러한 구도심으로 문제가 되는 지역이 도시재생사업에 해당되는 지역 중 하나다. 도시재생사업이 이루어지면 상권에는 또 다른 변화가 있게 된다([자료 2-2], [자료 2-3] 참조).

5) 양보하는 역

하나의 우수한 상권이 발달하기 위해서는 주된 상권과 종된 상권의 개념을 알아야 한다([자료 1-6] 참조). 예를 들면 강남역이 번성하는 상권이 되기 위해서는 교대역과 역삼역은 배후지 특성에 따라 만들어져야 한다. 교대역과 역삼역이 강남역 상권의 특성을 가지면 같이 쇠락하게 되는 이치다. 건대입구역이 발달하기 위해서는 구의역과 성수역이 각각의 특성에 맞게 형성되어야 한다.

그러나 주의할 점은 양보하는 역이라고 해서 상권이 나쁜 것은 아니다. 양보하는 역 또한 상권이 잘 발달된 곳이 많다. 단지 특성을 구분해 설명했을 뿐이다. 일산의 경우는 지하철 역마다 상권을 만들어놓았기 때문에 각 역의 상권이 번성하지 못하는데 정발산역 상권은 번성하는 것이 그 예다.

6) 낮은 곳, 평지

상권이 발달하는 곳은 대부분 낮은 곳이다. 풍수에서 음의 기운이 발달한 곳 중 하나가 시장이다. 어떤 사람들은 점포를 구할 때 양지바른 곳 또는 남향을 따지는데, 상가는 그러지 않아도 된다. 낮은 곳, 평지 위주로 보면 된다. 상권이 발달된 곳에는 대부분 큰 건물로 둘러싸인 골목길에 발달한다. 이런 곳에서 남향을 따질 이유가 없다.

햇빛이 잘 드는 양지바른 곳, 풍경이 아름다운 곳, 환경이 쾌적한 곳은 주거지역으로 적합한 곳이다. 상권이 발달하는 곳은 반대 현상이 강하다.

또한, 특정 업종을 제외하고는 대부분의 점포는 모든 창문을 막아버린다. 시선을 외부로 돌리는 것을 막기 위함이다. 시선을 외부로 돌리게 되면 점포의 좌석 회전율이 떨어지게 되고, 외부 환경을 더 많이 이용하게 된다. 병원시설, 학원시설, 노래방, 대규모 판매점 등 다양한 업종들은 시선을 외부로 돌리지 못하게 창문을 막는다.

공간 안에 오래 머물러서 좋은 업종이 있는 반면 빠른 회전율을 원하는 업종이 있다. 업종의 특성에 따라 달라지지만, 대부분 시선을 외부로 향하지 못하게 한다. 오로지 먹고 노는 것에만 집중하라는 뜻이다.

03 역 설계의 문제

1. 역내 상업시설

고속철도의 경우 대형 복합시설물의 형태로 건축된다. 대형화된 시설로 인해 건축물 내부에 별도로 상업시설을 갖추고 있다. 고속철도를 이용하는 인구는 철도 이용 시간 때문에 내부 상업시설에서 벗어나지 않는다. 또한 인접한 버스정류장과 지하철을 이용해 그 공간을 벗어난다.

지하철의 경우 민사 역사의 개념으로 대부분 백화점, 대형마트, 복합몰 등을 함께 건축해 주변의 상권 이용자를 끌어모으는 역할을 한다. 주변 상권에 도움이 되지 않으므로 이런 곳의 상권 분석은 주의해야 한다.

2. 역과 대중교통의 연결

역과 대중교통의 연결 동선 분석을 별도로 해야 한다. 특히 역에서부터 지하철로 연결이 바로 되어 있는 경우에는 유동 인구가 상권을 방문할 일이 없어진다. 이 경우 사람들은 지하 상가만 이용하게 된다.

3. 역과 도로와의 거리

역 주변은 대부분 도로가 넓다. 최소한 6차선 이상의 복잡한 형태를 갖추고 있다. 건물 자체가 크기 때문에 한참을 걸어야 하며, 역에서 나오면 대중교통의 집중화로 도로가 넓은 특징을 가지고 있다. 따라서 주변의 상권 형성에 어려움이 많다.

4. 역과 버스 정류장

지하철이나 기차가 없는 지역은 버스를 이용해 상권을 방문한다. 이때 상권은 대부분 관공서와 버스터미널을 기준으로 형성된다. 해당 지역의 외부에서 도심으로 방문하는 모든 버스가 관공서와 버스터미널을 통과하기 때문에 상권이 발달하는 지역이 한정되어 있다.

　가장 우선시 되는 것은 퇴근길을 기준으로 분석하며, 지하철에서 하차해 버스를 타고 주거지역까지 이동한다. 지방의 경우 업무지역을 중심으로 버스를 타고 다시 주거지로 이동하는 경우와 반대로 주거지역에서 상권을 방문하는 경우로 구분한다. 어느 쪽이든 버스를 이용해 방문할 경우 버스 정류장을 기준으로 분석한다.

　주요 도시에는 버스의 이동속도를 높이기 위해 버스전용차로제를 시행하고 있다. 그러나 버스전용차로제는 상권에 진입하는 동선을 모두 바꿔버린다. 실제로 많은 상권 진입 구간에 유동인구가 사라지면서 상권이 무너지고 다른 공간에 상권이 형성되고 있다.

　이와 관련한 다양한 사례를 보도록 하자. 먼저 신촌역 상권이다. 이곳은 많은 사람들이 홍대 상권의 클럽으로 유동인구를 빼앗겨 상권이 무너진 것으로 착각하고 있다. 또한, 연세대학교 1학년 학생들이 인천 송도 연세대학교 국제캠퍼스에서 공부하고 있는 것을 원인으로 여긴다. 먼저 신촌 연세대학교의 내부 모습을 보자.

[자료 3-7] 신촌 연세대학교 내부 모습

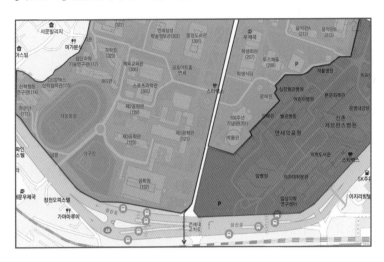

    [자료 3-7]의 연세대학교 전경을 보면 파란색 면이 학생들이 모여 있는 곳이고, 빨간색 면은 연세의료원이 위치하고 있다. 일반적으로 대학병원은 장애요인 성격이 강하다. 특히 학생들이 이용하는 길에 주차장이 위치하고 있다. 이로 인해 학생들의 동선은 빨간색 화살표를 기준으로 이동하고 있다.

    그리고 대로변 버스전용차로의 위치를 보면 왼쪽과 오른쪽으로 나누어져 있는데, 왼쪽 부분의 버스 노선이 좀 더 많다.

[자료 3-8] 연세대 상권의 동선

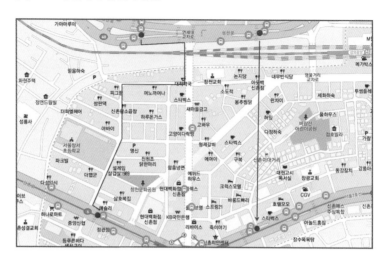

　[자료 3-8]을 보면 연세대 학생은 왼쪽을 기준으로 버스 정류장과 지하철역의 동선으로 이동한다. 버스전용차로제의 버스 정류장을 점과 점으로 동선을 연결하면 왼쪽의 그림은 쉽게 동선 이동이 가능하지만, 오른쪽의 빨간 선은 상당히 복잡하게 연결되어 있고 버스 노선 또한 상대적으로 많지 않다.

　연세대 정문에서 신촌역을 중심선으로 유동인구가 왼쪽으로 치우친 것을 알 수 있다. 과거 신촌 상권의 젊은 층 유동인구는 오른쪽에 많았지만 현재는 왼쪽에 모두 몰려 있다.

　다음은 구로디지털단지역을 기준으로 설명하겠다.

[자료 3-9] 구로디지털단지역 상권

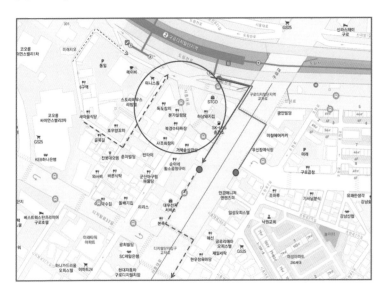

　[자료 3-9]와 같이 과거 구로디지털단지역은 도로를 기준으로 양옆에 버스 정류장이 위치했다. 파란색 동선이 출근길이며 빨간색 선이 지하철에서 나오는 퇴근길 동선에 해당된다.

　왼쪽의 빨간색 점선 두 개는 업무지역에서 지하철을 이용하는 동선이며, 가운데 도로의 빨간색 점선은 지하철에서 버스로 이동한 후 다른 공간으로 이동하는 동선에 해당되어 파란색 원 안에 상권이 밀집되어 있었다. 하지만 구로디지털단지역의 버스전용차로제 이후의 동선 변화는 다음과 같다.

　[자료 3-10]을 보면 빨간색 실선은 구로디지털단지 1번 출

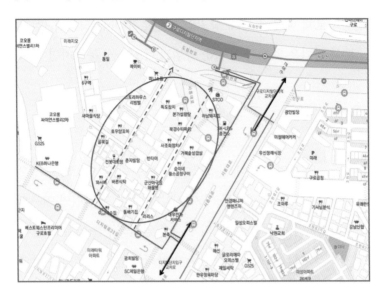

구에서 나와서 버스로 환승하려는 동선과 업무지역에서 버스
로 환승하는 동선을 보여주고 있다. 빨간색 점선은 유동인구
가 골목길로 들어가는 모습에 해당된다. 파란색 선은 출근길의
유동인구 이동 동선이며 검은색 선은 버스의 이동 방향이다.

구로디지털단지의 배후에 업무시설이 많이 들어오면서 유
동인구가 빈번하게 이동하게 되었고, 지금은 상권 전체가 커
져 있는 것을 알 수 있다. 도착하는 점과 출발하는 점과의 동
선이 다양화되면서 상권의 크기가 커진 것이다.

부산의 경우도 버스전용차로제로 인해 다양한 공간에 상권

의 진입로가 바뀐 곳이 많다. 특히 부산지하철 4호선은 버스 전용차로제 때문에 동네 상권의 진입로가 바뀐 경우가 많다.

분석 방법은 앞에서 보여준 방법과 동일하게 분석하면 된다.

5. 경전철

경전철은 주변 상권에 도움을 주지 않는다. 경전철의 특징은 대부분 고가철도의 형태를 가지고 있다. 또한, 경전철역 인근의 주거지역과 지하철역은 제3의 공간을 연결해주는 역할을 한다.

[자료 3-11]을 보면 경전철을 이용하는 주거인구가 적음을 알 수 있다. 경전철 근처 주거지역에서 경전철을 이용하려면

[자료 3-11] 경전철 이용도

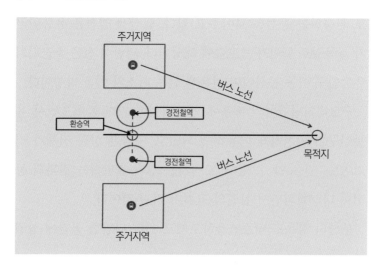

상가 형성 원리를 알면 부동산 투자가 보인다

버스를 타고 경전철역으로 온 뒤 계단을 올라가서 경전철에 탑승하고 다시 지하철역으로 가서 목적지까지 이동해야 한다. 누가 이렇게 이동을 할 것인가? 반면 버스를 이용하면 목적지까지 바로 이동할 수 있다. 우리나라는 광역버스가 있고 주거지 밀집지역까지 노선이 확대되어 있다. 따라서 불편하게 경전철을 이용할 필요가 없다.

실제로 많은 논문에서도 경전철이 설치되어 주거지역의 주택가격이 증가한 사례가 없으며, 주변에 상권이 발달된 곳도 없다. 또한, 이용자가 적어 대부분이 적자 상태다. 경전철 인근에 상권이 있는 경우는 이미 경전철이 있기 전에 상권이 형성된 곳이 많으며, 대부분 주거지역을 기반으로 상권이 형성되어 있다.

제4부

상권 형성과
변천 과정

상권이 만들어질 때는 반드시 원인이 있다.
원인에 변화가 나타나면 상권에도 변화가 나타난다.
상권이 만들어지는 원리를 이해해야 상권 분석이 가능하고,
상권의 변화에 대처할 수 있다.
그리고 상권이 만들어질 때는 규칙이 있다.
그 규칙에서 어긋나면 상권은 반드시 쇠락하게 된다.

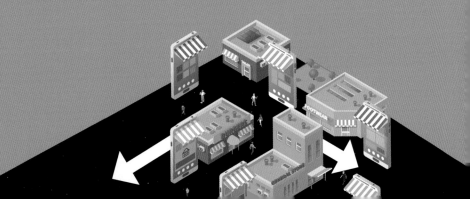

01 상권 형성 원리에 입각한 분석

　상권이 형성되려면 지리적·자연적·인공적인 요인 등이 복합적으로 작용하면서 점포들이 한 공간에 모여야 한다. 처음에는 하나의 점포에서 시작해서 여러 개의 점포로 상권을 형성한다. 초기 점포의 모습은 각각의 위치 특성상 배후지의 특성에 맞는 업종이 자리를 잡는다. 예를 들면 주거생활과 연관된 업종이 모이거나 업무지역과 연관된 업종이 자리를 잡는다.

　상권이 성장할 때에는 주변의 새로운 시설이 등장하면서 점포 수가 늘어난다. 이때의 새로운 시설은 인공적 요인에 의한 시설이 강하다. 주로 지하철, 대규모 주거단지, 업무시설 밀집, 오피스텔 등을 말한다.

이때는 점포들의 공간 밀집이 강해지기 시작한다. 이른바 점포들이 촘촘하게 입점한다. 유동인구가 많아지면서 1층 점포를 여러 개로 나누는 현상이 생긴다. 건물주 입장에서는 임대수익이 높아지는 상황이 되며, 점포주의 경우 매출도 상승하는 효과가 있다.

[자료 4-1] 상권 형성 초기

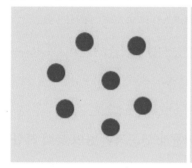

[자료 4-2] 상권 형성 과정

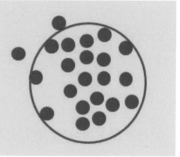

[자료 4-1]처럼 초기 상권이 형성될 때는 점포들의 숫자가 미미하다. 재래형 상권이나 신도시 및 뉴타운 상권도 동일하다. 그러나 시간이 지나면 어느 곳이든 [자료 4-2]처럼 점포가 밀집되는 현상이 나타난다.

점포들이 밀집하면 [자료 4-2]처럼 상권 외곽으로 확대되는 현상이 나타난다. 이 시기가 상권 성장기에 해당된다.

상권이 성장기에 접어들게 될 경우 신규 점포들이 밀집된 공간에서 공간 확장을 시도하게 된다. 성장기 초입에는 다양한 업종들이 상권 특성과 관련 없이 자리를 잡는다.

[자료 4-3] 상권의 확대와 신생 상권 출현

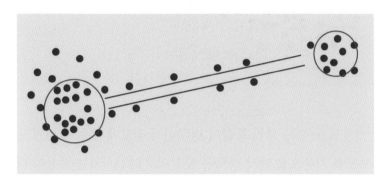

[자료 4-3]을 보면 좌측 파란색 원 외곽에 점포가 입점하는데, 최대한 밀집 지역에서 인접한 곳에 신규 점포가 들어온다. 그러다가 점차 도로를 기준으로 연결된 공간에 지속적으로 점포가 입점하면서 새로운 상권이 형성된다.

연령대를 가리지 않고 복잡하게 구성되어 있던 상권에서 다양한 시설의 등장으로 상권 특성 변화가 가장 많이 나타날 때 모습이다. 결국, 기존에 있던 공간에서 유동인구의 특성과 상권 특성에 맞지 않는 업종들은 해당 지역에서 벗어나 새로운 공간을 찾아가게 되는데 이때 가장 중요한 것이 도로다.

[자료 4-4] 상권의 완성과 재확대

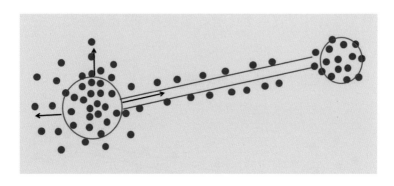

　[자료 4-4]는 상권 특성이 변하면서 점포에 공실이 생기고, 도로를 기준으로 해서 새로운 상권으로 연결시키는 현상이 나타나는 모습을 보여준다. 새로운 상권은 다시 다양한 업종들이 군집하면서 공간을 확장시킨다. 상권 특성이 결정된 곳은 빠져나간 점포에서 특성에 맞는 업종들이 다시 군집을 시작하고, 도로를 따라 점포들이 다시 빽빽하게 들어오며, 새롭게 만들어진 공간 또한 점포들이 촘촘하게 입점하게 된다.

　군집을 가장 크게 이루고 있는 곳이 주된 상권이며, 작게 군집을 이루고 있는 상권은 종된 상권에 해당된다. 검은색 화살표처럼 주된 상권에서 다시 새롭게 확장되는 길을 선택하게 되는데, 이때 장애요인을 만나는 곳은 더 이상 확장되지 못하고, 길을 따라 연결할 수 있는 상권은 다시 새로운 공간에 상권이 만들어지게 된다.

[자료 4-5] 서울시 강동구 음식업 밀집 사례

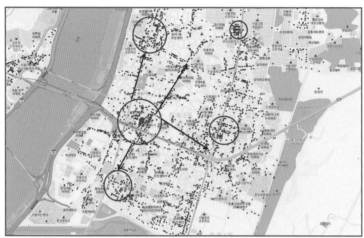

출처 : 국가 공공데이터(2018년 06 빅데이터 분석)

　서울시 강동구의 음식업이 밀집되어 있는 모습을 보면 천호역을 기준으로 암사역, 길동역, 강동구청역, 명일역 방향으로 음식업이 군집되어 있는 모습을 확인할 수 있다. 앞에서 설명한 것처럼 길을 따라 연결되는 모습을 보이는데 이 노선들이 모두 버스 노선과 일치하고 있다.

　GIS 프로그램을 활용해 보로노이 다각형(Voronoi polygon)으로 분석해보면 쉽게 알 수 있다. 보로노이 다각형은 특정한 점을 기준으로 해서 가장 가까이에 있는 점들로 공간을 나누는 성질이 있다. 각 점포를 점으로 생각해 보로노이 다각형을 그리면, 보로노이 다각형이 바로 점포 밀집지역이 된다.

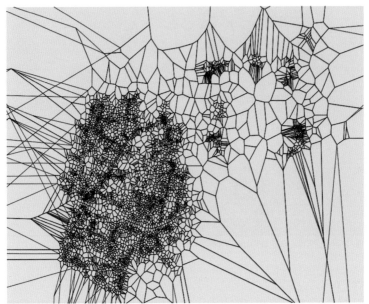

출처 : 국가 공공데이터(2018년 06 빅데이터 분석)

　　[자료 4-6]을 보면 각 다각형(polygon)이 진하게 나타나는 곳이 점포가 밀집된 지역이며, 주요 특성을 보면 길을 따라 점포가 밀집된 모습을 알 수 있다. 각 공간에 [자료 4-4]처럼 새로운 상권이 형성되어 점포가 밀집된 모습을 알 수 있다. 다각형 공간이 넓을수록 점포의 밀집도가 낮은 것이며, 좁을 수록 각 점포들이 가깝게 붙어 있어 점포의 밀집도가 높다는 것을 알 수 있다.

다음은 [자료 4-7]의 부산시 수영역을 기준으로 점포의 밀집된 모습을 분석했다. 수영역을 기준으로 점포의 밀집도가 가장 높다. 또한, 각 점포들이 다양한 공간으로 확산하는데 주로 지하철 노선과 버스 노선을 따라 점포들이 공간 배치되어 있는 것을 확인할 수 있다.

인천시를 확인해도 동일한 현상이 나타나는 것을 알 수 있다.

[자료 4-7] 부산시 수영역 점포 밀집 사례

출처 : 국가 공공데이터(2018년 06 빅데이터 분석)

[자료 4-8]의 군집을 이룬 곳을 보면 지하철역 노선과 버스 정류장 노선을 따라 점포가 입점되어 있는 모습을 보여준다. 상권이 형성되고 확장되는 현상이 결국 지하철역, 버스 노선

[자료 4-8] 인천시 주요 상권 밀집

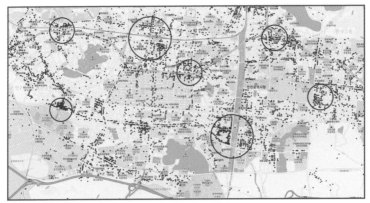

출처 : 국가 공공데이터(2018년 06 빅데이터 분석)

과 연계되어 형성됨을 알 수 있고, 이렇게 형성되는 과정 중에
다양한 요인들이 나타남을 알 수 있다.

02 최단거리의 원리

대중교통을 이용하든, 주거지에서 방문하든, 어떤 공간에서 이동하든 상권 내부에서는 최단거리의 원리가 적용된다. 목적지로 가는 방향을 선정할 때 가장 짧으면서 가장 편한 길을 선택한다.

최단거리의 원리는 두 가지 원칙이 있다. 실질적 최단거리와 심리적 최단거리다. 실질적 최단거리는 주로 주거지역에 진입할 때 가장 많이 분석한다. 심리적 최단거리는 상권 내부를 통과하면서 같은 길을 걸어도 빨리 가게 느껴지는 길을 선택한다는 것이다.

두 가지의 원리를 좀 더 자세히 설명해보겠다.

1. 실질적 최단거리

대부분의 사람들이 퇴근길에서 대중교통 방향을 선택할 때와 대중교통을 이용한 후 주거지역으로 이동할 때는 실질적으로 최단거리를 선택한다. 주변을 둘러볼 여유가 없기 때문이다.

[자료 4-9] 버스 정류장 동선 ①   [자료 4-10] 버스 정류장 동선 ②

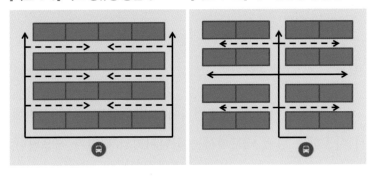

[자료 4-9]를 보면 버스 정류장을 기준으로 좌우(검은색 실선)로 나뉘어서 주거지 방향으로 이동하며, 전체적으로 동선이 분산(검은색 점선)되는 모습을 보인다. 그러나 [자료 4-10]을 보면 중심 동선(검은색 실선)을 만들고, 중심 동선에서 좌우로 나뉘어 분산(검은색 점선)되는 모습을 보인다.

두 그림의 차이점은 점포들이 입점할 수 있는지의 여부다. 왼쪽 그림은 좌우로 분산되기 때문에 점포들이 입점하기 어렵다. 그러나 오른쪽 그림은 유동인구가 한 동선으로 모여 이동하기 때문에 점포들이 입점하기 쉽다.

업무지역에서 지하철로 이동하는 동선을 좀 더 확대해 그려보았다. [자료 4-11]을 보면 업무지역에서 퇴근하는 직장인은 대중교통 방향으로 이동한다. 따라서 건물의 뒷면보다는 도로쪽 인도로 간다. 또한 대중교통을 이용할 수 있는 가장 빠른 길을 선택한다. 이렇듯 업무지역을 분석할 때는 실질적인 최단거리 방식으로 분석한다.

[자료 4-11] 업무지역에서 지하철역으로 이동 동선

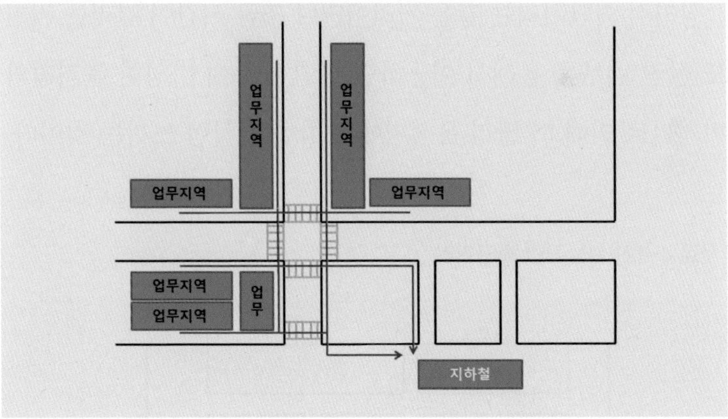

실제 현장에서는 다양한 사례가 있다. 분석자가 현장에서 분석할 때 유동인구 동선을 직접 걸어 다니면서 만들어보는 것이 가장 중요하다.

업무지역을 분석할 때는 건물 정문 출입구를 기준으로 분석한다. 그리고 목적지까지 하나씩 그려보면 유동인구가 가장 많이 이용하는 동선을 찾을 수 있다. 그러나 목적지 인근에 상권이 발달되어 있지 않다면 유동인구는 대중교통을 이용해 다른 공간으로 찾아간다.

좀 더 다양한 사례를 통해 설명하고 싶지만, 지면의 한계로 기본적인 모습만 설명했다.

2. 심리적 최단거리

심리적 최단거리는 같은 거리이거나 조금 시간이 걸리는 거리도 상권 내부를 통해서 이동하면 상권 내부에 다양한 볼거리와 먹거리로 인해 더 빨리 목적지에 도착한 것처럼 느끼는 것이다.

[자료 4-12] 실질적인 최단거리

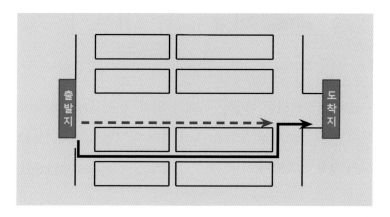

상가 형성 원리를 알면 부동산 투자가 보인다

[자료 4-12]를 보면 출발지에서 도착지까지 가장 가까운 거리는 대로변(빨간색 점선)이 가장 가까운 거리에 해당된다. 그러나 실질적으로 유동인구는 검은색 실선을 통해 이동한다. 만약 출발지에서 도착지까지 거리가 가깝다면 대로변을 이용해 빠른 속도로 목적지에 도착하지만, 거리가 50m 이상 넘어가면 대로변을 이용하는 것이 지루해진다. 그러나 골목길 안으로 들어가면 다양한 업종들을 시각, 청각으로 느끼며 지나가기에 보행이 지루하지 않다.

[자료 4-13]처럼 출입구가 중앙에 있다면 가장 가까운 횡단보도를 기준으로 연결된다고 생각하면 된다.

[자료 4-13] 출발지의 출입구에서 최단거리

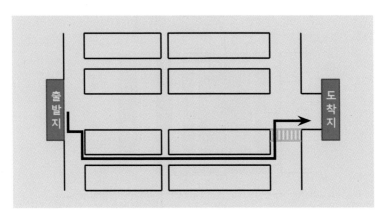

[자료 4-13]은 [자료 4-12]처럼 출발지가 중앙에서 이동하

는 동선(검은색 실선)이다. 항상 골목길을 염두하고 동선을 그려보면 가장 번성할 수 있는 중심 동선이 나오게 된다.

하지만 주의해야 할 것은 실질적 최단거리와 심리적 최단거리가 합쳐지면 가장 좋을 것 같은 급지가 가장 나쁜 급지로 변하기도 한다는 점이다.

[자료 4-14]는 주거지 입구로 이동하는 최단거리 동선이다. 이러한 모습은 가장 기본적인 형태에 해당된다. 그러나 주거지의 입구가 설계상의 편의성 때문에 다른 곳에 만들어지는 경우가 있다.

[자료 4-14] 주거지에서 최단거리

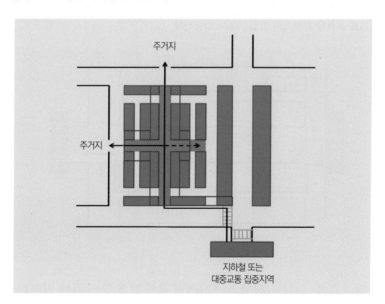

뉴타운이나 신도시를 분석할 때는 반드시 주거지 입구를 확인하는 것이 매우 중요하다. [자료 4-15]처럼 주거지 입구가 다른 곳에 만들어져서 최단거리의 동선이 바뀌는 경우가 있기 때문이다. 이때는 목적지의 출입구가 바뀐 것이다. 지하철 또는 대중교통 집중지역에서 주거지로 걸어서 이동하는 동선(검은색 실선)이 되면 검은색 점선은 보조적으로 확대되는 곳이다. 이렇게 대중교통과 주거지 입구를 점과 점의 개념으로 연결한 곳(빨간색 실선)들이 모여 있는 곳에서 점포가 가장 번성한다.

[자료 4-15] 주거지 입구의 변화와 최단거리

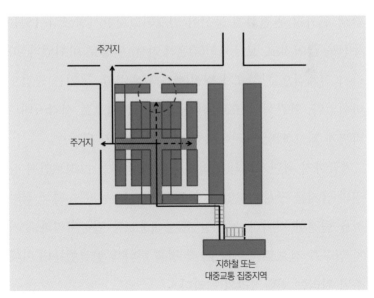

주거지 입구가 변한 이유는 단 한 가지다. 상권의 동선이 바뀌기 때문이다. 실제로 주거단지의 경우 설계 당시에 지정한 아파트의 입구를 기준으로 상권이 형성된다.

시간이 지나면 주거지역의 인구가 보행상의 불편함을 느끼게 되면서 아파트 중간중간에 새로운 입구를 만들게 되는 경우가 많이 발생한다. 아파트의 보행자를 위한 출입문을 만드는 경우는 특별한 제약이 없기 때문이다.

다음은 출입문을 바뀌었을 때를 가정해 동선을 새로 만들어보았다.

[자료 4-15]는 [자료 4-14]와 비교해볼 때 동선(검은색 실선)이 완전히 바뀌었다. [자료 4-14]에서는 [자료 4-15]의 빨간색 원까지 완전하게 동선이 연결되었지만, [자료 4-15]는 동선도 끊어지고, 보조적인(검은색 점선) 역할로 바뀌었다. 따라서 전체적으로 점포가 번성(빨간색 실선)할 수 있는 공간도 바뀌었다. 빨간색 원으로 된 공간은 결론적으로 사각지대로 바뀌게 되고 해당 상권에서 가장 나쁜 급지가 된다.

지금까지 최단거리의 원리에 근거해 동선을 그려보면서 상권의 급지를 구분해보았다. 동선을 만드는 원리는 결국 점과 점을 연결한 것이다. 지하철 또는 대중교통 집중지역과 주거지 입구를 점으로 판단하고, 각 점을 하나씩 연결했는데 이때 주된 원리는 최단거리의 원리다.

03 유동인구의 이동방식에 따른 상권 형성

지금까지 상권을 전체적으로 크게 보는 방법을 배웠다. 이제부터는 상권 내부에서 유동인구의 이동에 따라 각 동선이 만들어지는 과정에 대해 설명하겠다.

독립공간에 상권이 형성되는 과정 중에 다음과 같은 다섯 가지의 요소를 추출할 수 있다.

1. 중심점(Central point)

각 점포를 하나의 점으로 인식하고 각각의 점들이 모이는 것이 상권에 해당된다. 각각의 점은 특정 업종별로 구분해 분석할 수 있고, 때로는 다양한 이종 업종이 한 공간에서 군집한 모습으로 분석할 수 있다.

각 점 중에도 상권에서 대표할 수 있는 중심 업종 또는 중심 시설을 찾을 수 있다. 흔히 지하철역 출구, 버스 정류장, 유명한 업종, 오피스 입구, 관공서의 보행 입구, 아파트 단지 입구 등을 중심점으로 삼을 수 있다.

[자료 4-16] 주안역 기준 중심점

출처 : 국가 공공데이터(2018년 06 빅데이터 분석)

[자료 4-16]은 역세권을 기준으로 주안역에서 각각의 중심점을 확정해본 것이다. 주안역과 버스 정류장, 아파트 입구를 기준으로 중심점을 잡았다.

[자료 4-17]은 강동구 고덕지구의 아파트 입구와 버스 정류장을 기준으로 중심점을 잡은 것이다.

[자료 4-17] 강동구 고덕지구 뉴타운 중심점

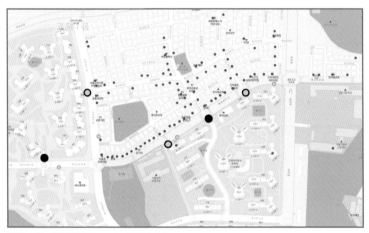

출처 : 국가 공공데이터(2018년 06 빅데이터 분석)

검은색 원이 아파트의 주된 입구이며 노란색 원은 아파트 소로에 해당된다. 이 중심점을 하나씩 연결하면 유동인구가 가장 많이 이동하는 동선이 나오는데 이것이 바로 연결선이다.

2. 연결선(Connection line)

중심점을 기준으로 선을 연결해 보면 동선을 확인할 수 있다. 연결선을 만들때는 먼저 상권의 이동과정과 같이 넓은 도로와 버스 노선을 기준으로 연결하는 것이 좋다.

일반적으로 유동인구는 좁은 길을 선택하기보다는 10m 이상의 도로와 버스가 이용하는 도로, 도로 주변이 환한 곳을 우선 선택해 이동한다. 만약 6m 이상의 도로가 없는 경우는 그 중에서 가장 넓은 도로를 선택하면 된다.

[자료 4-18] 주안역 중심점과 연결선

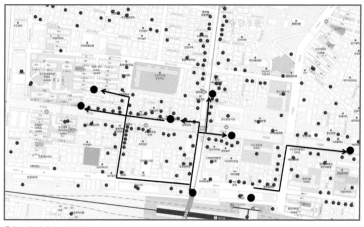

출처 : 국가 공공데이터(2018년 06 빅데이터 분석)

연결선을 그릴 때 가장 중요한 것은 출발점을 지정하는 것이다. 출발점이 어디인가에 따라 동선이 많이 달라지기 때문이다. 출발점은 대부분 대중교통을 기준으로 하며 업무지역이나 주거지역일 경우 반대로 되는 경우도 있다.

상가 형성 원리를 알면 부동산 투자가 보인다

[자료 4-18]은 주안역에서 중심점을 기준으로 연결시켜 보았다. 지하철역을 기준으로 연결해본 결과 점포(빨간색 점)들이 동선상에 다양하게 배치되어 있음을 알 수 있다.

[자료 4-19] 강동구 고덕지구 연결선

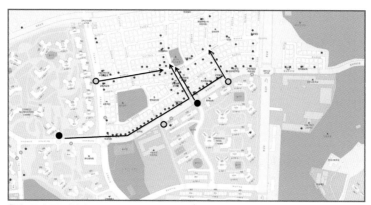

출처 : 국가 공공데이터(2018년 06 빅데이터 분석)

강동구 고덕지구의 경우 아파트 입구(검은색 원)와 아파트 주변의 작은 통로(노란색 원)를 기준으로 그려보면 동선에 따라 점포들이 나란히 연결된 것을 알 수 있다.

실제로 다양한 상권을 기준으로 분석해보면 누구나 쉽게 연결선을 찾을 수 있다. 이것이 바로 유동인구가 가장 많이 이동하는 동선에 해당된다.

상권 내부에 유동인구가 지속적으로 방문하게 되면 상권은 커지게 된다. 상권이 커지는 주요 이유는 음식업과 소매점에 있다. 우리나라는 업종군이 총 9개 군으로 형성되어 있다. 서울시 기준, 음식업은 33.25%, 소매점은 30.69%에 해당되며, 전체 업종 군에서 이 두 가지 업종이 63.84%에 해당된다.

이 상권 내부에서도 음식업은 대부분의 유동인구가 동일한 시간대에 같은 공간에서 이용한다. 유동인구가 새로운 식당을 찾아가서 구매활동을 하기 때문에 상권이 확장되는 것이다. 음식업과 소매업은 창업이 쉬운 편이라 가장 창업자가 많지만, 상대적으로 창업을 너무 많이 해서 폐업하는 점포 또한 많다.

[자료 4-20] 서울시 주요 업종 비율

업종군	주요 업종	업종별 비율	
관광/여가/오락	PC방, 노래방, 낚시장, 관광, 여가 및 오락 관련	9,165	2.78%
부동산	부동산 중개, 자산관리, 분양 등	12,905	3.91%
생활서비스	목욕탕, 수리 관련, 인력, 광고 등	52,728	15.97%
소매	판매업에 해당되는 모든 업종	101,297	30.69%
숙박	모텔, 호텔, 여인숙, 고시원 등	2,744	0.83%
스포츠	대규모 운동 관련 시설	46	0.01%
음식	일반, 간이음식, 유흥주점 등	109,766	33.25%
의료	병·의원, 동물병원, 약국 등	15,144	4.59%
학문/교육	유치원, 학원, 기술학원 등	26,294	7.97%

출처 : 국가공공데이터(2018년 6월 기준)

점포가 커지는 과정에서 반드시 만나는 것이 장애요인이다. 장애요인을 만나면 상권은 멈추거나 상권의 특성이 바뀌기도 하니 어느 방향으로든 다시 방향을 재설정해야 한다.

3. 장애구역(Barrier area)

상권에서 장애구역을 만나면 유동인구는 오던 방향을 되돌아가든가, 아니면 다른 방향으로 회전을 하든지를 선택하게 된다. 따라서 장애구역에 해당되는 사항을 설정하는 것이 매우 중요하다.

필자가 굳이 장애요인이나 장애물이라는 표현을 사용하지 않고 장애구역이라는 표현을 쓴 이유는 그 크기에 있다.

예를 들어 공원, 병원이라는 용어를 사용하면 작은 놀이터와 같은 공원, 작은 병원을 장애요인으로 생각하는 독자들이 있기 때문에 공간의 크기를 넓게 잡기 위해 장애구역이라는 표현을 사용했다.

작은 놀이터 형태의 공원, 작은 병원, 작은 오피스 건물 등은 유동인구가 지나가는 데 큰 무리가 없다. 따라서 이러한 공간은 장애요인으로 취급하지 않는다.

장애구역에 대한 설명은 이 책의 장애요인 편에서 자세히 설명하기로 한다.

4. 회전(Turn)

유동인구는 상권을 이용하다가 어느 공간에서든 회전하게
된다. 대표적인 것이 앞에서 설명한 장애구역을 만나는 경우
다. 그러나 회전은 장애요인이 없어도 회전을 하게 된다.

5. 정지점(The end point)

정지점은 해당 상권 특성이 끝난 것을 의미한다. 실제 중심
점들이 모여 있는 곳을 기준으로 둘러싸여 있는 상권이 가장
우수한 상권을 의미한다. 유동인구는 더 이상 이 공간에서 벗
어날 수 없기 때문이다.

실제로 출발점이 지하철인 경우 지하철 자체가 출발점이 될
수도 있고 정지점이 될 수도 있다. 그리고 장애구역이 위치한
공간이 정지점에 해당될 수도 있다.

정지점의 가장 기본적인 개념은 정지점 뒤로 이동하지 못한
다는 것이다. 예를 들면 지하철 출구를 통해 유동인구가 나오
게 되어 상권에 진입하면 다시 지하철을 기준으로 반대로 나
가지 않는 것이다.

제5부

투자 분석
4대 조건

창업이나 상가 투자 상권 분석 시
네 가지 조건으로 분석하면 빠른 속도로 현장 분석을 할 수 있다.
여기서는 기본적인 분석 방법을 수록했다.
응용은 기본에서 시작된다.

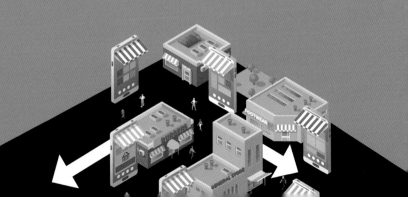

　상가 투자나 창업 시 4대 분석 조건은 상권이 형성된 공간
에서의 투자 분석법으로 이 조건들을 정확히 숙지만 해도 투
자 분석의 실패확률이 낮아진다.

　투자 분석 시 시간이 부족하거나 빠른 판단이 필요할 경우
주로 활용하는데, 상권의 접근에서 접근성과 시계성, 상권 내
부의 동선에서 점포로의 접근성과 시계성, 상권 자체가 가지
고 있는 집객성, 건물이나 주요 업종들이 가지고 있는 집객성,
그리고 그 집객 요인에 의한 장애요인과 상가 투자에서 발생
할 수 있는 수익성을 기반해 분석한다.

01 접근성

접근성은 대중교통을 이용하거나 주거지 또는 업무지역에서 나올 때 어느 방향으로 상권에 진입하는가를 알아보기 위함이다. 흔히 모여 있으면 접근성이 좋고 길옆으로 나란히 있으면 접근성이 떨어진다는 원리에 의한 분석은 문제가 있다.

[자료 5-1] 군집형 상권   [자료 5-2] 연도형 상권

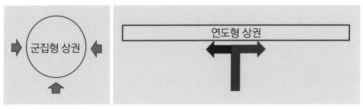

물론 [자료 5-1] 그림처럼 모여 있는 경우보다 분산된 경우가 부동산 가격이 낮을 수 있지만, 연도형 상권이라고 해서 무조건 낮은 것은 아니다. 실제로 많은 연도형 상권이 매우 높은 임대가격에 형성되어 있으며, 유동인구가 또한 많기도 하다.

앞에서 설명한 상권의 형성과정을 보면 우리나라의 모든 상권은 길과 길을 연결해 새로운 공간이 만들어졌고, 대로변의 공간에도 무수히 많은 점포들이 위치하고 있는 것을 알 수 있다.

접근성의 기본은 방향에 있다. 그 방향은 대부분 퇴근길, 하굣길에 상권이 만들어진다. 접근성은 보행하며 대중교통을 이용하는 유동인구의 접근성과 차량을 이용해 상권에 접근하는 차량 접근성으로 나눌 수 있다.

접근성을 세밀하게 분석하는 가장 큰 이유는 상권에 접근하는 첫 번째 위치를 알고자 함이다.

1. 대중교통을 이용한 상권 접근성

1) 낮은 곳, 평지 우선

상권은 특정 목적에 맞추어진 공간을 제외하고 대부분 낮은 곳과 평지에 우선해 형성된다. 이 원리는 접근성에 기반해 유동인구가 찾게 되는 원리다. 유동인구는 높은 곳을 오르려 하지 않는다.

우리나라의 상권이 발달된 곳은 대부분 평지나 낮은 곳에 형성되어 있다. 그래서 흔히, 상권이 발달한 곳은 침수지역이라는 소리를 많이 듣게 된다.

　동일한 공간에서 분석할 때는 지형 지세를 가장 먼저 보게 된다. 이때 먼저 보는 것은 대중교통이나 주거환경 및 업무지역에서 접근할 때를 기준으로 보면 된다.

[자료 5-3] 낮은 곳, 평지 ①

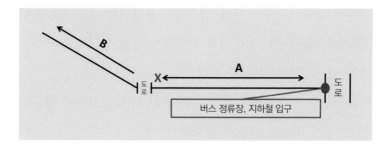

　[자료 5-3]을 보면 우측 큰 도로의 버스정류장이나 지하철 입구를 기준으로 해서 상권에 진입한다고 했을 때 상권은 A범위 안에서 형성된다.

　일반적으로 낮은 곳에서 높은 곳으로 오르는 경우에는 대부분 작은 도로가 형성되어 있다. 이 공간에서 B라는 오르막길을 가는 인구는 주거지로 이동하는 인구가 대부분이다. 따라서 분석을 할 때는 A공간과 B공간을 분리해 분석해야 한다.

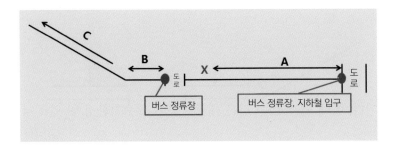

[자료 5-4]는 넓은 공간에 도로나 철로 등의 장애요인이 발생했을 경우다. 상권은 A공간의 상권이 번성하고, A공간의 유동인구는 B공간으로 이동하지 않는다. 상권 특성이 완전히 다르기 때문이다.

B공간은 C공간의 특성에 따라 상권이 새로 형성된다. 예를 들면 주거지 환경이면 주거지와 연관되거나 퇴근길에 대중교통을 하차해 주거지로 들어가기 전 마지막 직장인을 위한 상권이 형성된다.

C공간은 저층 주거지역일 경우 주거지 동선에서 많이 볼 수 있는 업종으로 세탁소, 소규모 카페, 미용실, 편의점, 슈퍼마켓, 일부 음식업 등이 입점하게 될 것이다. 그러나 상권으로 표현하기에는 부족하다. B공간은 상대적으로 도로가 넓어 학원시설과 병·의원시설, 약국, 카페, 음식업 등이 자리를 잡게 된다.

[자료 5-5] 낮은 곳, 평지 ③

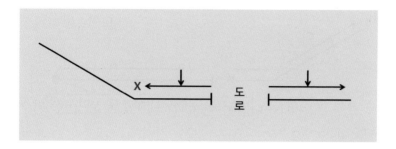

　[자료 5-5]와 같이 넓은 공간을 분리해 4차선 이상의 넓은 도로가 만들어질 경우에는 대부분 버스 정류장이나 지하철이 들어와 있는 경우에 해당된다.

　이때는 상권을 분리시키는 현상이 나타난다. 따라서 상권의 규모가 작아지며, 대로변에 주요 업무시설들이 들어오게 되면 상권은 더 작아지거나 소멸된다. 이런 형태의 경우는 대부분 오르막길에는 주거환경이 갖추어져 있다. 따라서 유동인구는 X방향으로 이동하지 않는다.

2. 연도형 상권의 접근성

연도형 상권은 퇴근길과 하굣길을 확인한 후 버스에서 하차하는 승객을 대상으로 움직이는 방향을 확인하는 것이 중요하다.

[자료 5-6]의 그림처럼 버스에서 하차한 유동인구는 버스 정류장을 기준으로 앞으로 나가는 성질을 가지고 있는 것이 기본이다.

[자료 5-6] 연도형 상권의 동선 ①

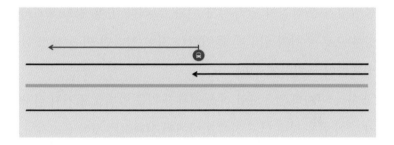

그러나 모든 연도형 상권이 이런 모습일 리는 없다. [자료 5-7]처럼 버스 정류장을 기준으로 해서 양쪽을 분석하는데, 대부분 아파트 입구나 저층 주거지로 진입하는 넓은 도로를 기준으로 분석하면 유동인구의 동선을 그릴 수 있다.

[자료 5-7] 연도형 상권의 동선 ②

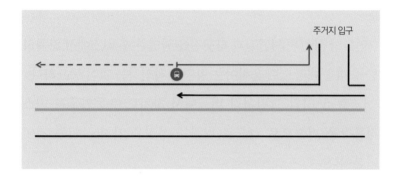

주거지 입구

　버스정류장을 기준으로 주거지 입구가 뒤쪽에 위치할 경우
출발점과 도착점이 달라지게 된다. 그러나 진행 방향(빨간색
점선)으로 주거지 입구에 들어가는 길이 있다면 이 동선 또한
점포들이 위치하게 된다.

　[자료 5-8]의 경우처럼 버스 정류장 기준 앞뒤로 주거지 입구
가 같이 있을 경우 먼저 진행 방향에서 선택하는 것이 유리하다.

[자료 5-8] 연도형 상권 동선 ③

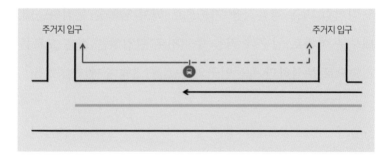

주거지 입구　　　　　　　　　　　　　　　주거지 입구

버스 정류장에서 진행 방향(빨간색 선)으로 유동인구가 더 많고, 뒤쪽(빨간색 점선)은 상대적으로 유동인구가 적다. 이유는 뒤쪽의 공간에 또 다른 버스 정류장을 기준으로 유동인구가 먼저 하차해서 이동하기 때문이다. 아파트 입구일 경우는 바로 주거지로 이동하기 때문에 더 이상 분석이 필요하지 않겠지만, 저층 주거지 형태의 밀집된 공간으로 이동할 때는 다른 유동인구의 동선 모양이 만들어진다.

[자료 5-9] 아파트 입구의 동선

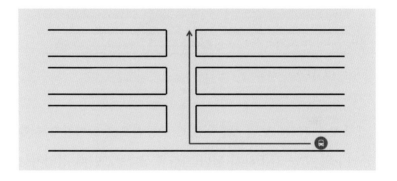

[자료 5-9]의 모습은 누구나 쉽게 그려질 수 있을 것이다. 유동인구가 오른쪽으로 붙어서 가는 모습을 보인다. 그러나 [자료 5-8]처럼 골목길을 기준으로 오른쪽과 왼쪽의 길을 선택하는 문제가 발생할 경우 동선을 만드는 방법은 [자료 5-8]처럼 동일하게 분석하면 된다.

저층 주거지역으로 이동하는 동선은 다음 [자료 5-10]과 같이 그려볼 수 있으며, 유동인구가 가장 많이 모이는 곳과 상권이 발달할 수 있는 지역을 찾아볼 수 있다.

[자료 5-10] 저층 주거지역의 동선과 상권 형성 가능 지역

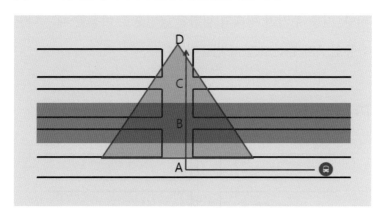

[자료 5-10]을 보면 A에서 B, C, D공간으로 들어갈수록 유동인구의 수는 감소하게 된다(파란색 삼각형). 이때 창업자는 어느 방향이든 다시 상권을 만들 공간을 선택해야 한다. 주거환경이 골목길을 중심으로 양쪽으로 균형 잡힌 상태로 분포되어 있으면 빨간색 형태로 점포가 입점하게 된다.

주거지로 이루어진 상권의 경우 대부분 C와 D공간에는 더 이상 점포가 입점하지 않는다. 그러나 외부에서 지속적으로 접근하는 상권은 C와 D공간 모두 점포가 입점할 수 있다. 주

로 주거환경과 연관된 세탁소, 미용실, 편의점 등 생활편의시설이 입점하게 된다.

때로는 골목길에서 상권의 방향을 선택해야 할 경우도 발생한다. 선택 방법은 배후지의 주거환경이 어느 쪽에 더 많이 발달해 있는지를 보고 분석할 수 있으며, 지형 지세나 장애요인을 기준으로 분석하면 방향을 알 수 있다.

[자료 5-11] 저층 주거지역에서의 상권 발전 방향

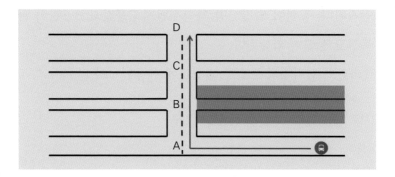

[자료 5-11]처럼 어느 한쪽을 선택해야 하는 상황이 올 수 있다. 이때는 배후지를 분석하는데, 배후지의 주거지 밀집지역을 찾는 방법과 주거지로 이동하는 동선 중 가장 편한 길을 찾는 방법이다. 배후지를 본다는 것은 다양한 시설이나 건물이 어떻게 위치하고 있는지를 보는 것이다. 이것이 바로 입지를 분석하는 이유다.

만약 중심 동선을 기준으로 오른쪽에 주거지 밀집지역이 형성되어 있다면 대부분 B공간(빨간색 면) 외에는 상권이 더 이상 확장되기 어렵다. 이런 경우는 시장형의 모습을 많이 가지고 있거나 시장 주변의 음식업종이 주종을 이루게 된다.

여기에서 좀 더 확대해 배후지 주거환경의 개발로 인한 상권이 확대될 때의 모습을 예상해볼 수 있다. [자료 5-12]와 같이 버스 정류장을 이용해 만들어진 상권에서 배후지에 대규모 주거단지가 만들어질 경우 동선 A에서 D까지 모든 동선이 연결된다. 동선이 연결되면 자연스럽게 C공간과 B공간의 골목길도 상권이 확대된다.

파란색 삼각형의 모습은 진입로에 유동인구가 많으며, 아파

[자료 5-12] 상업지를 통과하는 아파트 입구

상가 형성 원리를 알면 부동산 투자가 보인다

트 단지 입구에서 상권으로 나오는 방향에 유동인구가 많다는 것을 표현한 것이다. 방향은 도시 설계상의 주거지 분포를 분석하면 알 수 있다.

연도형 거리에 지하철역이 개통될 경우 많은 사람이 지하철 출구와 출구 사이를 장애요인으로 인식하는 경우가 많다.

[자료 5-13] 연도형 상권에서 양방향 지하철 출구

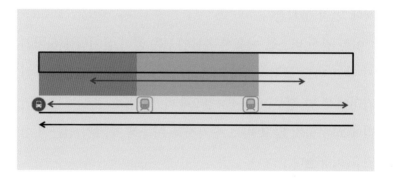

[자료 5-13]과 같이 지하철 출구는 양방향이고 버스 정류장은 진행 방향(검은색 실선) 쪽에서 앞쪽이다. 그렇게 되면 버스 정류장 방향으로 유동인구가 더 많아질 것이며, 뒤쪽은 상대적으로 유동인구가 줄어들게 된다. 그러나 지하철 출구와 출구 사이는 지나가는 길이다. 이러한 공간을 장애요인으로 인식해 유동인구가 통과하지 않는다는 생각을 가지면 곤란하다.

3. 삼거리에서 상권의 접근성

　삼거리에서 상권 접근성을 자세히 구분해보자. [자료 5-14]
의 퇴근길이나 하굣길(검은색 실선) 방향을 대입해도 분석할
수 있어야 한다.

　먼저 버스를 이용해 삼거리를 어떻게 활용하는지 확인해보
자. 삼거리의 상권을 활용할 주변의 배후시설이 없다는 가정
하에 먼저 분석한다.

　이런 경우 버스를 이용한 유동인구는 굳이 삼거리에 하차하
지 않고 바로 목적지까지 이동하게 된다. 특히 주거지역이 삼
거리에서 먼 경우(버스 정류장 2개 이상 이동할 경우)에는 삼거
리에 하차하지 않고 바로 주거지로 이동해 주거지 인근의 상
권을 이용한다.

　만약 주거지가 인접해 있다면 해당 삼거리에서 상권을 이용
하게 된다. 먼저 주거지가 인접해 있고 주변에 저층 주거형태
로 이루어진 곳이라면 다음의 자료와 같이 유동인구는 상권
을 이용하게 된다. 그러나 중요한 것은 횡단보도의 위치에 따
라 많이 달라진다는 것을 명심해야 한다.

　[자료 5-14]의 삼거리 지점에서 횡단보도까지의 거리가 멀
고 C와 D방향 쪽으로 저층 주거형태가 이루어진 경우 상권 접
근성을 분석하면 빨간색 실선과 같은 동선이 나온다. 검은색

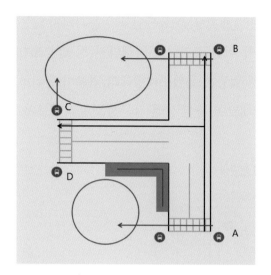

실선은 차량의 이동 동선이다.

먼저 A에서 내리는 승객은 C방향의 노선버스를 이용한 승객에 해당될 것이다. 이때는 A에서 먼저 내려 횡단보도를 이용해 왼쪽의 공간으로 바로 이동하게 될 것이다.

그러나 A에서 B방향의 버스를 이용한 승객이고 주거지역이 C인 경우에는 B에서 하차해 그대로 횡단보도를 이용해 왼쪽의 타원형 공간으로 진입한다. 그리고 A방향에서 C방향으로 버스를 탄 승객은 C지점에서 하차하고 주거지역으로 접근을 하게 된다.

이런 상황에서 상권이 번성할 공간은 B와 C가 만나는 지점

(타원형)이 될 것이다.

그리고 빨간색 실선(ㄱ자 모양)은 유동인구가 통과하지 않는 사각지대가 된다. 만약 이런 공간에 투자했다면 점포의 크기는 큰 것이 좋고, 주된 업종은 목적구매형태의 업종이 유리하다. 이번엔 방향을 반대로 바꾸어 상권 접근성을 분석해보자.

[자료 5-15] 삼거리에서의 접근성 ②

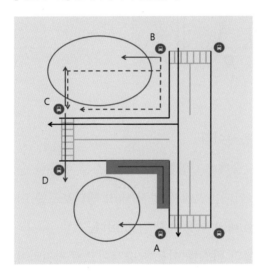

[자료 5-15]는 좀 더 세밀하게 분석하다 보니 그림이 복잡해지고 있다. 그러나 하나하나 방향을 분할해서 분석해보면 당연한 원리인 것을 알 수 있다.

버스를 이용하는 승객이 B방향에서 A방향으로 이동하는 경우 A정류장에서 하차하거나 통과하게 된다. A정류장을 이용하는 승객은 하차 후 바로 주거지역 방향을 이동하게 된다.

그러나 B정류장에서 C방향으로 이동하는 승객이라면 B에서 하차 후 바로 주거지역으로 이동하거나 하차해 C방향으로 이동해 버스를 갈아타게(빨간색 점선) 될 것이다. B에서 C방향의 버스를 이용한 승객은 C에서 하차해 주거지역으로 이동하거나 D방향으로 이동하게 된다.

방향을 바꾸어도 유동인구가 가장 많이 이용할 공간은 B와 C가 만나는 공간에 해당된다. 또한 빨간색(ㄱ자형 코너) 실선은 동일하게 사각지대가 된다.

지금까지 삼거리에서 접근성을 분석할 때 가장 기본적인 사항을 설명했다.

앞에서 설명한 두 거리를 모두 합해 보자. 훨씬 더 복잡한 그림이 되지만 결과적으로는 같은 현상이 나타나게 된다. 이해가 안 되는 독자는 직접 그려보면 쉽게 알 수 있다. 당연한 이치이기 때문이다.

상권은 당연한 이치에 의해 형성된다. 유동인구는 가장 편하고 쉽게 접근할 수 있는 공간에 방문한다.

[자료 5-16]을 보면 가장 먼저 알 수 있는 것이 유동인구가 두 번 만나는 공간이 발생한다. 빨간색 원이 유동인구가 두 번 만나는 공간이 된다. 버스 정류장을 이용한 승객이 여러 번 만

[자료 5-16] 삼거리에서의 접근성 ③

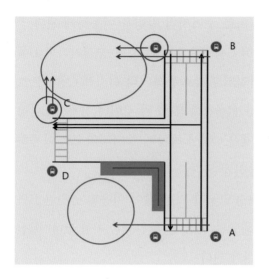

나서 상권으로 접근한다는 것은 그만큼 접근성이 우수하다는 것을 의미한다. 이런 현상이 발생하는 이유는 우리나라의 대중교통은 오른쪽으로 이동하기 때문이다.

지금까지는 삼거리에 인접한 주거환경으로 분석해보았다. 상권의 범위는 버스 정류장을 기본으로 해서 배후지 주거지를 만나는 공간에 한정된다.

만약 해당 지역에 공원이나 오르막길 등 기타 장애요인이 형성되어 있다면 상권이 만들어지기 어려운 조건이 된다. 이때는 반대쪽을 분석하면 된다. 분석 방법은 동일하게 버스 정류장을 기반으로 이동하는 길을 연결해보면 된다.

이번엔 [자료 5-17]처럼 주거지 밀집지역이 먼 경우를 기준으로 접근성을 분석해보자.

[자료 5-17] 삼거리에서 아파트 입구까지의 접근성 ④

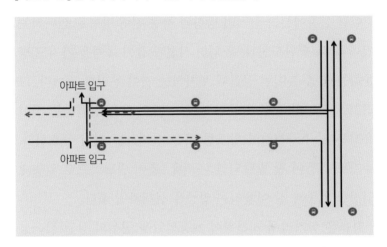

삼거리를 기본으로 아파트 단지나 저층 주거지 밀집지역으로 확대를 하면 [자료 5-17]과 같은 모양이 된다. 이때 삼거리는 단순히 통과하는 공간이 되어 상권이 발달하기 어렵다. 버스를 이용한 승객은 주거지 인근의 버스 정류장에 하차해 바로 주거지로 이동하기 때문에 버스 정류장과 주거지 입구의 상권이 발달한다.

이때의 상가 투자와 창업은 주거지 입구에서 나오는 방향에 투자하는 것이 유리하다. 아파트 입구에서 나오는 방향의 동선(빨간색 점선)은 두 가지로 나뉜다.

먼저 아파트 입구에서 나와 양쪽으로 이동하는 동선은 대부분 보행자의 동선에 해당된다. 그 때문에 거리가 멀어지면 멀어질수록 상권 번성도는 낮을 수밖에 없다.

이런 상황에서는 삼거리 방향의 차량 진행 방향을 선택하는 것이 좋다. 학원시설과 병·의원 시설과 같이 목적을 가지고 방문하는 업종은 이런 공간에 투자하는 것이 유리할 것이다. 그리고 음식업의 경우 가급적 점포가 넓은 곳을 선택하는 것이 유리하고, 주차시설이 양호한 곳을 선택하는 것이 중요하다. 추가로 위층이 잘 발달되면 나중에 1층이 발달하므로 위층에 입점한 업종과 잘 어울리는 업종을 선택하면 좋다.

다음은 삼거리에 지하철이 개통되었을 경우의 상권 접근성을 보자.

[자료 5-18]처럼 지하철 1번 출구와 버스 정류장까지는 버스의 접근성까지 분석하면 대중교통을 이용한 차량의 방향이 세 번(빨간색 원) 만나게 된다. 세 번 만난다는 것은 그만큼 상권으로 접근하기 매우 유리한 조건이 된다는 뜻이다.

2번 출구의 경우 오던 길을 되돌아가는 동선에 해당되어 상대적으로 유동인구가 적다. 만약 버스를 갈아타고자 한다면 5번 출구에서 내려서 버스로 갈아탈 것이다. 3번 출구와 4번 출구는 유동인구를 분산시켜서 상대적으로 유동인구가 줄어들게 된다.

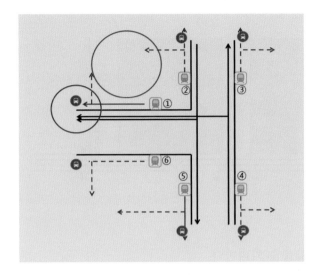

그러나 3번 출구와 4번 출구 배후에 주거지 밀집지역이 존재한다면 3번과 4번 골목길로 상권이 번성하게 된다.

6번 출구의 경우 오직 주거지로 이동하는 승객만 존재하게 된다.

지금까지 삼거리에서 상권 접근성을 기반으로 동선을 분석해보았다. 공통적으로 한 공간이 가장 많이 발달하는 것을 알 수 있었다. 한 공간이 발달하게 되는 원리는 다음 그림을 보면 쉽게 이해할 수 있다.

[자료 5-19]를 보면 파란색 사각형은 보행자의 범위를 말하고, 핑크색 사각형은 보행자와 대중교통을 이용할 사람이 나

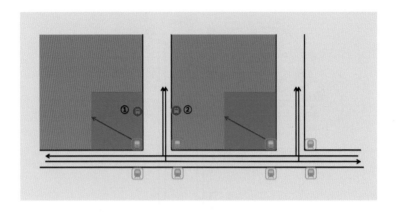

올 수 있는 확률을 의미한다.

지하철을 이용해 버스로 환승하는 유동인구는 우리나라 교통체계 특성상 오른쪽을 이용하게 된다.

1번 방향은 확률상 보행자의 동선 범위가 좁을 수밖에 없고, 2번 방향으로 나오는 유동인구는 1번 방향 배후지로 이동하는 유동인구와 2번 방향의 배후까지 포함되어 있다. 따라서 2번 방향에 상대적으로 많은 유동인구가 나올 수밖에 없다.

상권이 형성되는 자리는 유동인구가 상권에 접근할 수 있는 확률에 의해 형성된다. 유동인구가 많이 올 수 있는 확률에 따라 상권이 번성한다. 삼거리에서 만들어지는 확률은 사거리, 오거리 등도 동일하게 적용된다.

이번에는 차량 인구의 방향을 다시 한번 바꾸어 보겠다.

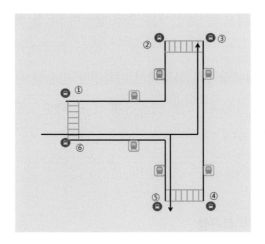

[자료 5-20]처럼 버스를 이용해 삼거리로 진입할 경우 차량의 방향이 양옆으로 갈라져서 분산되는 것을 알 수 있다.

5번 정류장에서 하차하는 승객은 4번 방향으로 나가게 되고, 5번 출구에서 하차할 필요가 없는 승객은 다음 공간으로 버스를 타고 이동하게 될 것이다.

6번 출구에서 하차하는 승객은 바로 주거지역 방향으로 이동하게 되거나 1번 방향의 횡단보도를 이용해 이동한다. 3번 방향에서 하차하는 승객은 3번 출구 배후의 주거지 방향으로 이동할 것이며, 2번 방향으로 나올 수 있는 승객의 수는 현저하게 줄어든다.

결과적으로 상권이 형성될 수 있는 공간은 1번 방향과 6번 방향이 해당되고, 앞에서 설명한 [자료 5-18]과 [자료 5-20]을 합했을 경우 결과적으로 1번을 기준으로 상권이 더 잘 형성될 것이다.

6번 방향의 버스 정류장에서 하차해서 지하철을 이용할 경우에는 빠른 속도로 지하철역으로 이동하게 된다. '대중교통 특성' 편에서 확인할 수 있다.

4. 사거리에서 상권의 접근성

상가 투자와 창업 시 가장 큰 문제점은 기본 원리도 알지 못한 상태에서 투자 또는 창업을 하는 것이다. 심지어 상가전문가라고 하면서 상가를 분양하는 분양담당자도 실제로 원리를 이해하지 못하는 상태에서 상담하고 있다.

상가 투자와 창업자는 대부분 이렇게 말을 한다. 내가 사회생활을 몇 년을 하고, 장사를 오래 해봤기 때문에 잘 안다고 말한다. 그런데 다음 그림을 보여주고 투자처를 찾아보라고 하면 아무도 대답을 하지 못한다.

착각하지 말자. 창업자는 지금까지 자신이 한 업종과 해당지역 상권밖에 모른다. 그것도 세밀하게 알지 못한다. 또한, 사회생활을 오래 한 것은 단순히 상가를 이용한 사람이지 분석한 사람이 아니다.

먼저 그림을 보고 어디에 먼저 투자할 것인지 결정해보자. 사거리의 네 블럭 모두 상업지역으로 상가 건물이 밀집해 있다. 어느 곳에 투자나 창업을 할 것인가?

네 군데 모두 잘되면 굳이 이런 질문을 할 필요도 없을 것이다. 그런데 무엇을 보고 계약서의 도장을 찍는지 쉽게 이해가 지 않는다. 이렇게 투자한 사람들은 항상 필자에게 상가 투자는 어렵다고 말한다. 그런데 어떻게 도면만 보고 투자를 하는지 쉽게 이해할 수가 없다.

[자료 5-21] 사거리 상업지의 공간 선택 ①

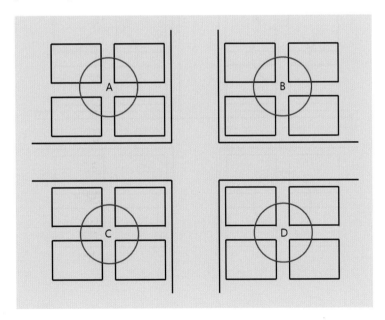

[자료 5-21]을 보고 좋은 곳을 찾으라고 한다면 대한민국 상권을 25년 이상 분석만 하고 다닌 필자도 모른다.

사거리에서 분석하는 방법을 하나씩 알아보자.

사거리에서 접근성을 분석할 때 가장 먼저 알아야 할 것은 상권으로의 접근성이다. 이때의 접근성은 대중교통에서 주거지로 이동하는 접근성과 주거지에서 상권으로 이동하는 접근성이다. 여기에서는 대중교통을 이용한 접근성에서 시작하도록 하겠다.

[자료 5-22] 사거리 상업지의 공간 선택 ②

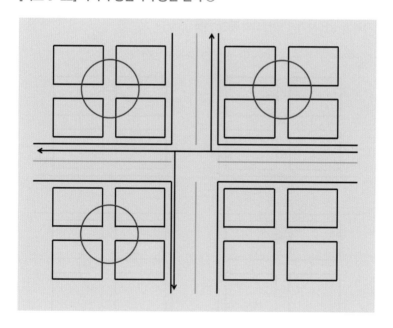

상가 형성 원리를 알면 부동산 투자가 보인다

[자료 5-22]처럼 퇴근길과 하굣길을 기준으로 대중교통을 이용해 방문할 수 있는 조건을 구분해보니 네 블럭 중에 세 블럭이 나왔다. 확률이 줄어든 것을 알 수 있다. 이렇게 투자할 공간의 범위를 줄여 나가야 한다.

　　이제 기본에서부터 다시 시작해 투자 공간을 찾아보도록 하겠다. 먼저 사거리에서 단방향 퇴근길에서 분석하는 방법이다.

[자료 5-23] 사거리에서 단방향

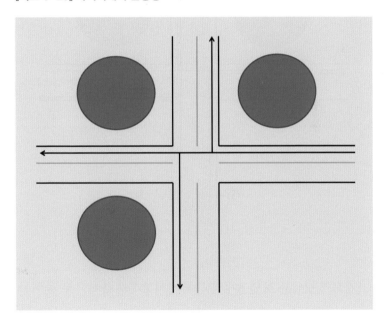

[자료 5-23]과 같이 네 개의 블록 중에 세 개의 블록으로 줄어들었다. 도심권의 경우 퇴근길, 하굣길이 두 방향이 되는 경우도 많다. 방향을 하나 더 만들어보겠다.

방향은 하나씩 추가하는 방식으로 접근성을 분석하겠다.

[자료 5-24] 사거리에서 두 방향

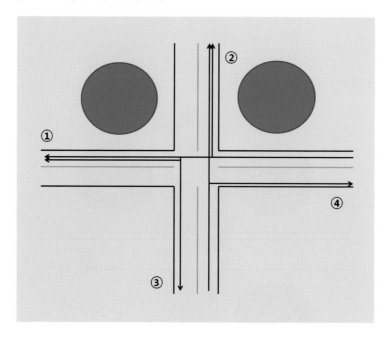

[자료 5-24]를 보면 3개의 블록에서 2개의 블록으로 줄어들었다. 또한, 1번과 2번은 두 번 만난 것을 알 수 있다. 그만큼 많이 만나면 만날수록 접근성이 우수하다는 것이다.

3번과 4번은 다시 퇴근길의 반대로 출근길에 해당된다. 저녁시간에 이 방향으로 되돌아가는 경우는 없다. 따라서 상권이 만들어질 확률은 매우 낮다. 이제 2개의 블록 중에 한 개의 블록을 선택하고자 한다. 이제부터는 배후지를 보거나 환경적인 요인을 보고 분석할 수 있다.

[자료 5-25] 사거리에서 입지조건

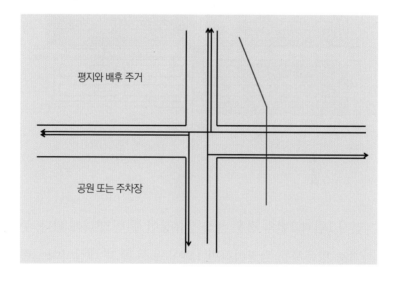

[자료 5-25]의 경우 빨간색이 꺾인 선은 오르막길을 의미한다. 이제 어느 곳에 투자가 이루어질 수 있는지를 쉽게 알 수 있다. 가장 기본적인 분석 방법이다. 여기에서 버스 정류장의 위치와 상권 내부로 연결되는 동선을 연결하면 선택할 수 있

는 공간을 확인할 수 있다.

이제 다시 [자료 5-25]의 답을 찾아보도록 하겠다.

[자료 5-26] 자료 5-21의 투자 공간 찾기

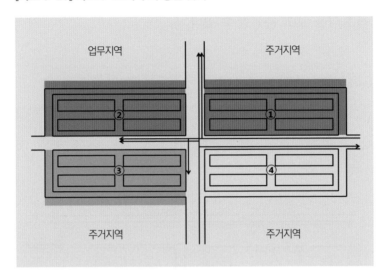

먼저 1번과 2번의 경우 버스 정류장이 두 번 만나게 된다. 주거지로 방문하는 상권이라면 1번이 우선 투자 대상이며, 3번은 1번에 비해 발전 속도가 느리다. 4번의 경우 가장 늦게 만들어지는 상권에 해당된다.

특히 2번의 경우 업무지역이 위치하고 있어 업무지역에서 출발점이 정해지기 때문에 동선이 모두 달라진다. 가장 먼저 업무지역에서 가까운 버스 정류장을 이용하는 유동인구는 해당 상권에서 모두 벗어난다. 그리고 2번 상업지역에서 가까운 일부 유동인구가 상권을 통과해 버스를 이용하기 때문에 상대적으로 접근성이 떨어지게 된다.

이 그림은 필자가 가상해 그린 그림을 퇴근길과 하굣길을 기준으로 다양하게 그려보고 배후지에 어떤 조건을 가졌는지를 응용했다. 각 상권에는 다양하게 위치한 배후지를 가지고 있다. 현장마다 모두 다른 형태이지만 동선을 만드는 방법은 동일하다. 다음은 세 방향 접근성을 분석해보았다.

[자료 5-27] 사거리에서 세 방향

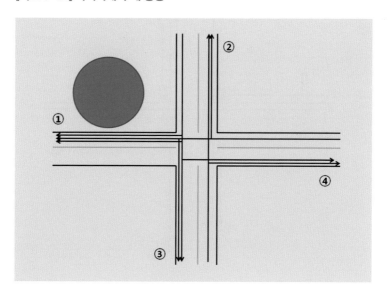

[자료 5-27]을 보면 2번, 3번, 4번 방향에서 차량의 이동 동선을 만들어보았다. 각 방향에서 1번 공간에 가장 많은 접근성이 이루어지는 것을 알 수 있다.

지금까지 버스를 이용해 사거리에서 상권으로 접근하는 가장 기본적인 접근 방법에 대해 하나씩 분석해보았다.

지금부터는 지하철과 버스 정류장이 만나는 상황을 토대로 분석해보자.

[자료 5-28] 사거리에서 지하철과의 만남 ①

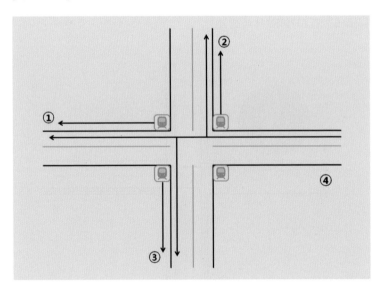

상가 형성 원리를 알면 부동산 투자가 보인다

[자료 5-28]은 버스 정류장에 지하철을 대입해 환승하는 구간을 만들어보았다. 4번 공간을 제외하고 1번에서 3번까지 환승할 수 있는 공간이 어느 곳인지 알 수 있다. 1번에서 3번까지 중에 어느 곳에서 먼저 상권이 형성될 것인가는 배후지 구성에 달려 있다.

　　만약 1번 지역의 배후가 업무지역이나 산업단지로 형성되어 있고, 2번의 배후에 주거환경이 갖추어져 있다면 상권이 만들어질 자리는 2번이 될 것이다. 상권을 이용하는 시간은 저녁시간이므로 퇴근길과 연관이 많다. 업무지역이나 산업단지가 출발점이 된다.

[자료 5-29] 사거리에서 지하철과의 만남 ②

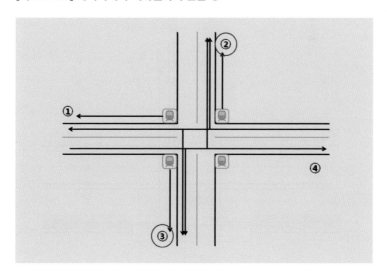

[자료 5-29]와 같이 1번 지역이 업무지역이나 산업단지일 경우 방향은 2번과 3번이 지하철과 버스 노선이 3번 만나는 공간이 된다. 상권은 이런 자리에 형성될 수 있다.

빨간색 원은 접근성이 가장 우수하다. 각 퇴근길에서 버스가 이동하는 방향에서 두 번 만나는 공간에 해당된다. 그러나 주의해야 할 점은 사거리를 기준으로 배후지의 특성이 어떻게 만들어져 있느냐에 따라 항상 접근성의 시작점은 달라질 수 있다.

지하철과 버스가 만나는 경우 지상에 지하철이 만들어진 사례를 들어 접근성을 분석해보자.

[자료 5-30] 사거리에서 지하철과의 만남 ③

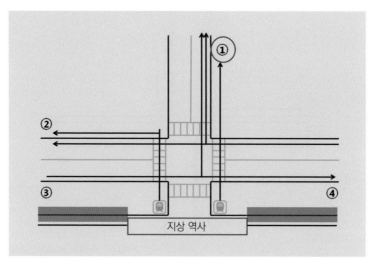

상가 형성 원리를 알면 부동산 투자가 보인다

역사가 지상에 있을 경우에는 삼거리에서의 분석 방법과 동일하게 분석하면 된다. [자료 5-30]과 같이 지하철을 이용한 승객이 현 위치에서 버스로 환승할 경우 가장 많이 이용할 수 있는 곳이 바로 1번 정류장이다.

2번의 경우 배후지까지 보행 거리에 해당되는 유동인구만 이동하게 되고, 1번 공간의 상권이 발달할 경우 2번 공간에서 1번 공간으로 유동인구를 빼앗기게 된다. 결과적으로 2번 공간은 주거생활과 연관된 업종이 제한되어 입점하게 된다.

3번의 경우 지하철을 이용한 승객이 4번 방향으로 이동하는 것이 우선되어 4번 방향의 버스 정류장까지 유동인구가 많이 이동한다. 2번 공간과 3번 공간은 흔히 말하는 유동인구가 군집을 이루지 못하고 '흘러가는 곳'이 된다.

빨간색 공간은 지상철과 나란히 가는 공간으로 상대적으로 어둡다. 과거에는 성매매업소가 많거나 모텔이 많이 있던 곳이라면 지금은 업무시설이나 오피스텔, 도시형 생활주택, 고시원이 많이 들어오는 공간에 해당된다.

이번에는 같은 모양이라도 교차로에서 횡단보도가 먼 경우를 예를 들어보겠다.

[자료 5-31]처럼 횡단보도가 먼 것을 기준으로 분석해서 보자. 횡단보도가 멀 경우 상권 접근성이 달라지는 것을 알 수 있다. 왼쪽의 출구를 기준으로 해서 유동인구가 2번 방향의 버

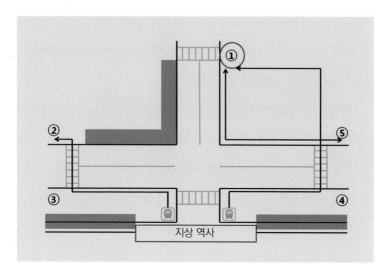

지상 역사

스 정류장을 이용한다면 2번을 기준으로 해서 오른쪽으로 이
동하지 않는다.

오른쪽 출구로 나와서 4번 방향으로 이동할 경우 횡단보도
를 통해 5번의 정류장과 1번의 정류장을 이용하게 되어 이용
자가 더 많아질 수 있다.

5번에 인접한 골목길 안으로 들어가서 1번 방향으로 이동
할 수 있는 유동인구가 생겨서 역시 1번과 5번 사이에 상권이
번성할 수 있는 조건이 된다. 이 부분에서 '역세권에서 상권이
형성되는 규칙' 편을 다시 읽어보면 좋을 것이다.

단방향의 방향성이든, 여러 방향의 방향성이든 방향이 정해

지면 먼저 배후지를 보는 버릇을 가져야 한다. 그래야만 좋은 공간을 선택할 수 있다.

[자료 5-32] 로터리에서 상권의 접근성

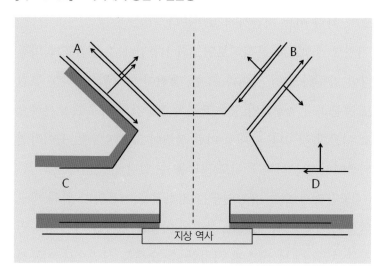

[자료 5-32]의 경우처럼 사거리 로터리 형태로 구성된 경우를 가정해 버스가 역 앞에서 회전하면서 상권으로 접근하는 방법에 대해 분석해보자.

가장 먼저 해야 할 일은 지상 역사를 기준으로 중심선을 만들고 어느 쪽에 배후지가 가장 밀집되어 있는지를 보는 것이다. 그 방향으로 유동인구가 가장 많이 올 것이다.

다음은 로터리 근처의 버스 정류장을 모두 확인해 버스 노선이 가장 많이 오는 곳을 찾는 방법도 있다. 버스 노선이 많다는 것은 그만큼 유동인구가 그 방향으로 많이 이동한다는 뜻이다.

굳이 현장에 가지 않더라도 다음 지도나 네이버 지도를 활용하면 된다. 지도의 버스 마크를 누르면 버스 노선이 모두 나오며, 차량 이동 시간까지 보여준다.

[자료 5-32]를 분석해보면 A와 B공간에 유동인구가 가장 많이 방문하게 될 것이다. 또한, 상권이 형성될 수 있는 조건도 충분하다. A공간의 경우 오른쪽, B공간의 경우도 오른쪽으로 이동할 것이다. 반대로 이런 상권이 크게 발달된 곳이라면 외곽에서 방문하는 동선도 그려볼 수 있다.

C공간까지 오는 유동인구는 지하철을 이용하기 위해 바로 역사로 이동을 하게 되고, 상권을 이용할 의사를 가진 유동인구는 A공간에서 버스에 하차한 후 오른쪽 상권으로 이동하게 된다.

D공간으로 접근하는 유동인구는 지하철을 이용할 승객과 상권을 이용할 승객으로 나뉘게 되어 동선이 분리된다. 상권으로 진입하는 유동인구가 적을 수밖에 없기 때문에 상권이 잘 번성된 곳으로 이동한다. 그리고 지상철과 나란히 가는 빨간색 면은 상권이 형성될 공간이 아니다.

이러한 형태는 오거리에서도 동일하게 분석할 수 있다.

[자료 5-33]은 회전교차로 형태이자 오거리 역세권에서의 상

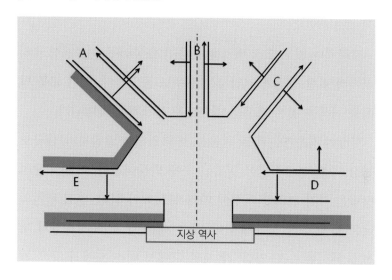

권 접근성이다. 동일하게 역사를 기준으로 절반을 나눈 후 배후지의 주거환경 밀집지역을 확인한다. 다시 각 위치의 버스 정류장 숫자를 확인해 버스 정류장이 가장 많은 곳을 순서대로 표시한 후 지하철과 버스 정류장의 사이의 상권을 확인하면 된다.

[자료 5-33]을 보면 A, B, C 3공간이 나오게 된다. 기본적으로 유동인구가 가장 쉽게 접근할 수 있는 버스 정류장 인근의 골목길을 찾아 확인할 수 있다.

D공간은 동선이 둘로 나뉘게 된다. 상권을 이용할 유동인구는 바로 상권으로 이동을 하게 되고, 지하철을 이용할 유동인구는 지하철 방향으로 이동하게 된다.

5. 회전형 교차로에서 접근성

지하철이 없고 오직 버스를 이용한 유동인구가 회전형 로터리에 인접한 상권에 진입하는 경우도 동일하다. 이런 교통 방식을 취하는 곳은 대부분 대중교통 집결지에 해당된다.

지방의 경우에는 주로 관공서, 병의원시설 밀집지역, 대규모 시장, 주요 업무시설이 밀집된 곳에 만들어진다. 이때의 분석 방법은 각자 위치한 특성에 따라 분석해야 한다. 먼저 평지와 낮은 곳을 우선 찾아야 한다. 두 번째는 각 버스 정류장의 노선을 분석할 수도 있다. 각 시와 군에서 버스 노선과 같은 자료들을 제공하고 있다. 세 번째는 각 시설의 위치를 분석한 후 그 후면을 분석하면 된다. 마지막으로 장애요인을 찾아보고 상권이 형성될 공간이 넓은 쪽을 선택하면 된다.

지금까지 대중교통을 이용한 상권 접근성에 대해 가장 기본적인 방법에 관해 설명했다. 실전에서 활용할 경우에는 상권 현장에 따라 많이 다르다. 공간마다 장애요인이 있을 수 있으며, 골목길이 좁아 상권을 만들지 못하는 경우도 있다. 여러 상권을 비교 분석하면서 경험을 하면 쉽게 판단할 수 있다. 생각보다 유동인구가 움직이는 동선은 매우 단순하다는 것을 알 수 있다.

6. 주거지에서의 접근성

우리나라에 가장 많은 상권이 형성된 곳은 주거지 인근이다. 그러나 가장 창업과 투자를 어렵게 생각하는 곳이 바로 주거지 상권이다. 그 이유는 상권의 크기를 알 수 없기 때문이다.

뉴타운이나 신도시의 경우는 주거지 인근의 상업지역을 만들어 특정 공간에 상가를 모아놓은 형태다. 그러나 문제점은 누가 봐도 상가가 너무 많다. 그리고 이러한 도시에 언제 주거민 입주가 끝날지 모른다.

많은 교육생들이 "언제 입주할까요?"라고 질문을 한다. 그걸 안다면 굳이 필자가 현장을 분석하고 다닐 이유가 없다. 신의 영역을 질문하는 것이다. 그러나 분석해서 잘되는 순서는 정해 볼 수 있다.

예를 들어 1만여 세대를 만들어놓은 도시에 8층짜리 상가 건물이 20개, 5층짜리가 30개, 점포 주택이 100개 있다면, 한 건물에 노래방이 하나씩 있다고 가정해도 50개의 노래방이 존재하며, 음식업은 최소한 200개가 넘는다고 볼 수 있다. 학원과 병원시설의 경우 훨씬 더 많이 생기게 된다. 주거지 상권에 이렇게 많은 점포가 존재할 수 없다. 따라서 주거민 접근이 가장 쉬운 곳을 선택해야 하며, 이때의 접근성은 시계성이 동반되어야 한다.

주거지에서 접근성을 분석할 때 가장 중요한 것은 '횡단보도'
다. 횡단보도는 모든 상권의 접근성 분석에서 중요한 포인트
중 하나다. 횡단보도가 없으면 상권을 단절시키는 역할을 한다.

1) 아파트 단지에서의 접근성

아파트 단지에서 주거지로 접근하는 동선은 보행자의 동선
과 차량의 동선을 모두 분석해야 한다.

[자료 5-34]에서 검은색 굵은 선은 차량의 이용 동선이며,
가는 선은 보행자의 이동 동선이다. 먼저 주거지역에서 나오
는 방향의 동선이다. 실선이 굵은 것은 차량의 통행, 가는 실
선은 보행자의 상권 진입, 점선은 보행자의 상권 내부 이동 동
선이다. 노란색은 차 없는 거리를 뜻한다.

[자료 5-34] 아파트 단지 주거지에서의 접근성

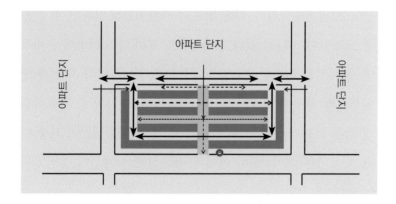

차량을 이용한 소비자가 차량의 회전 방향을 따라 차량 동선을 만든다. 굵은색 점선은 상대적으로 차량의 회전이 많지 않고 주차장을 이용하거나 대로변에 주차한다. 상권에서 주거지가 가까운 주거민은 걸어서(검은색 가는 선) 상권에 진입하지만 뒤로 갈수록 차량을 이용하는 사람이 많아진다. 아파트 단지에서 차량을 이용하는 사람이 많아질수록 상권에서 벗어나는 성향이 강하다. 주로 대형 백화점, 대형 마트, 인근의 근린주택 상권으로 이동한다.

아파트 단지 상권에서는 차량 이용자가 많으므로 주차 시설을 잘 갖춘 건물을 찾아야 하며, 대상은 여성 운전자를 기준으로 해야 한다. 여성 운전자가 주차하기 편하면 당연히 남성 운전자도 편하다. 다음은 대중교통을 이용한 거주민의 이동 동선이다.

[자료 5-35] 아파트 단지 상권의 대중교통 접근성

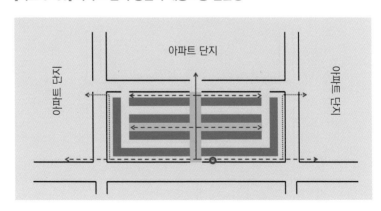

[자료 5-35]에서는 버스 정류장을 이용해 골목길로 진입하는 동선을 분석해보면 차량의 이동 동선을 피하고 있는 것을 알 수 있다. 빨간색 실선은 가장 많이 이용하는 동선에 해당되고 유동인구가 분산되어 이동하는 것을 뜻한다. 실제 현장에서 분석해보면 빨간색 실선을 기준으로 거리가 멀어질수록 상권력이 약한 것을 알 수 있다.

다음은 두 가지 동선을 하나로 합쳤다. 먼저 차 없는 거리의 건축물은 대부분 5층 미만에 해당된다. 건축법상 도로의 넓이와 접면하는 도로의 수에 따라 건폐율과 용적률이 달라지기 때문에 상대적으로 대로변의 건축물이 8층 이상 건축된 경우가 많다. 따라서 차량을 이용해 상권에 진입하는 유동인구는 주차하기 편한 건축물로 진입하게 된다.

[자료 5-36] 아파트 단지에서의 주요 동선

[자료 5-36]은 유동인구의 동선과 차량의 동선이 다른 것을 알 수 있지만, 차량을 이용한 유동인구도 똑같이 차 없는 거리로 이동하게 된다.

신도시의 도면을 분석할 때 차량이 진입할 수 있는지를 알아보기 위한 도면을 확인해야 한다.

[자료 5-37] 아파트 단지에서의 주요 동선

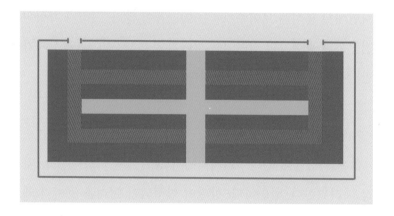

[자료 5-37]을 보면 도면 외부에 파란색 선이 그어진 것을 알 수 있다. 이 선이 그어진 곳에는 차량 진입이나 주차장 입구를 만들 수 없다. 또한, 차 없는 거리에도 차량 진입과 주차장 입구를 만들 수 없다.

하지만 그림에서처럼 빨간색 면은 건물로 진입할 수 있는 주차장 입구를 만들 수 있다. 차 없는 거리의 건축물은 상대적으로 면적이 좁고 건축물의 높이가 5층 미만으로 많이 개발되기 때문에 주차하기 불편하다. 따라서 차량 이용자는 대로변 쪽의 건물에 주차하게 된다. 따라서 대로변의 건물에는 병원시설 및 학원시설 등 차량을 이용해 상권에 방문하는 업종이 주종을 이루게 된다.

뉴타운이나 신도시의 사례는 너무 많기에 이 책에서는 가장 일반적으로 설계하는 도면을 바탕으로 분석했다. 모든 도시를 지면에서 분석해 보여주기에는 어려움이 많다. 그러나 차량의 접근성과 보행자의 접근성을 하나씩 분석해보면 왜 그 상가가 발달하는지를 알 수 있을 것이다.

2) 일반주거지에서 접근성

많은 사람들이 일반주거지역에서 상권을 분석하는 것을 가장 어려워한다. 당연하다. 상권이 형성되기 어려운 곳이기 때문이다. 이때는 상권이 형성될 것을 기대하고 분석하는 것이 아니다. 건축물 그 자체의 사용 용도로 분석하는 것이다. 상권이 형성될 것이라는 기대를 하지 않는 것이 좋다는 뜻이다.

실제 건축물과 점포들이 들어 있는 빅데이터를 가지고 분석해보았다. [자료 5-38]을 보면 일반주거지에서는 인근 버스 정류장을 기준으로 대로변에만 발달하고 있는 모습을 볼 수 있다.

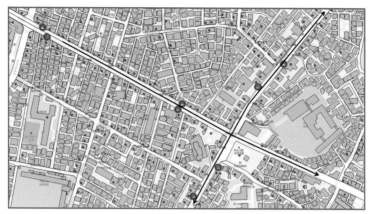

출처 : 국가 공공데이터(2018년 06 빅데이터 분석)

　주거지로 접근하는 선은 모두 버스 정류장을 기준으로 대로 변에 발달하고 있으며, 골목길로 들어가는 곳은 모두 도로가 가장 넓은 곳에 점포들이 길 따라 분포되어 있음을 알 수 있다. 이 사항은 앞에서 설명했다.

7. 지하철 역세권 푸쉬 현상

　접근성이 뛰어난 지하철역이라도 유동인구를 진행 방향으로 밀어주는 푸쉬 현상이 발생하는 공간이 있다. 상권에 진입하는 방향에 따라 지하철역 인근이라도 유동인구가 다니지 않는 사각지대가 발생하는 것이다.

또한 백화점이나 마트에서 에스컬레이터를 이용할 때 뒤에서 타고 오는 사람을 생각해 앞으로 자리를 더 길게 이동하는 현상도 푸쉬 현상이다. 지하철 역세권에서도 마찬가지로 많은 유동인구가 지하철 출구로 나올 경우 뒤에서 오는 유동인구들 때문에 대부분의 사람들은 앞으로 밀려서 걸어간다.

그림을 보면서 자세히 설명하겠다. 먼저 방향성을 기준으로 하나씩 분류해 분석하도록 하겠다.

[자료 5-39] 역세권에서 푸쉬 현상 ①

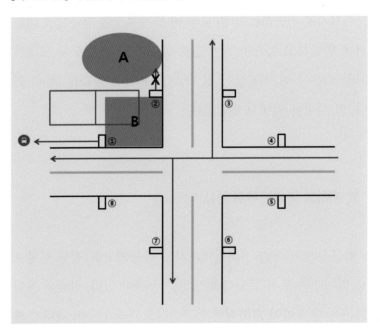

상가 형성 원리를 알면 부동산 투자가 보인다

[자료 5-39]를 보면 대중교통의 퇴근길 방향(빨간색 선)에 따라 이동하고 지하철을 이용해 버스로 환승하려는 유동인구는 1번 출구로 나오게 되고, 1번 출구는 유동인구를 앞으로 밀어주는 푸쉬 현상이 발생하게 된다. 2번 출구 방향은 상대적으로 유동인구가 나오지 않는 공간에 해당된다. 따라서 A공간에서 상권으로 접근할 수 있는 조건은 떨어지게 된다.

유동인구가 1번 출구 방향으로 이동하게 되므로 2번 출구와 연결시킬 수 있는 조건은 아무것도 없다. 따라서 B공간은 사각지대가 된다.

다음은 버스를 타고 와서 지하철을 이용하는 모습의 동선을 그려보겠다.

[자료 5-40]은 퇴근길 방향에서 유동인구가 버스를 이용해 상권에 진입하거나 지하철을 이용할 경우의 모습이다. 버스에서 하차한 경우 지하철을 이용할 유동인구는 4번 출구로 바로 이동하게 된다. 그러나 만약 상권을 이용할 경우 바로 골목길로 진입하게 되어 새로운 동선을 만들며 이동한다.

지하철 3번 출구를 이용해 나오는 유동인구는 버스 정류장 방향으로 진행하게 되고 상권을 이용할 경우 골목길로 접근하게 된다. 따라서 C공간은 유동인구가 접근할 이유가 없어서 사각지대가 된다. 실제로 전국에 지하철을 갖추고 있는 많은 상권에서는 이렇게 사각지대가 발생하는 곳이 많다.

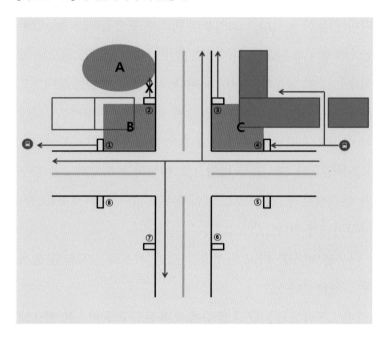

이렇게 사각지대가 발생하는 공간은 접근성이 떨어지기 때문이다. 그러나 조건을 잘 활용할 수 있다. 접근성은 떨어지지만 시계성을 활용해 개발하는 방법이다.

주요 학원시설, 병·의원시설, 오피스 건물이나 오피스텔 등, 시계성을 기반으로 반드시 찾아올 수 있는 업종이 위층으로 입점하면 유동인구 동선을 만들 수 있고 1층 점포를 활성화시킬 수 있다.

02 시계성

시계성은 보행자 또는 업무지역, 주거지역에서 잘 보이는 건물이나 간판을 말하는데, 보행자의 동선과도 연관이 깊다. 상권 외부에서 보는 시계성과 상권 내부에서 보는 시계성으로 구분한다.

[자료 5-41]과 [자료 5-42]는 시계성의 인체학적 관점에서 보면 인간의 시야각은 전체적으로 위로 45°, 아래로 45°다. 앞을 보면서 걸을 때 약 5m 전방의 바닥을 향해 본다고 가정하면, 약 15° 정도 내려 보고 걷게 된다. 그러므로 실제 위로 볼 수 있는 각도는 30° 정도지만, 가운데 선을 기준으로 해서 끝부분으로 갈수록 인지력이 떨어진다고 볼 수 있다. 즉, 시선

[자료 5-41] 상하 시야각

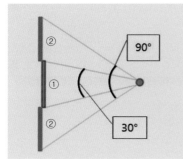

② 90° ① ② 30°

[자료 5-42] 좌우 시야각

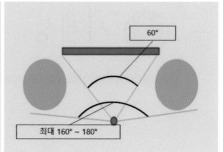

60° 최대 160° ~ 180°

중앙에서는 고정된 물체나 움직이는 물체를 쉽게 판단할 수 있지만, 시야각의 끝부분으로 갈수록 인지력이 떨어지게 되는 것이다. 따라서 시야각 끝부분에 있는 물체는 움직이지 않는 이상 쉽게 인식하기 어렵다.

같은 동선상에 존재하는 건물이더라도 간판이 위로 올라가 있거나 건물 하나만 뒤로 들어간 경우에는, 인체의 시야각 때문에 앞 건물을 쉽게 인지하지 못하게 되는 것이다. 때로는 길을 걷다가 옆에서 지나치는 지인을 알아보지 못하고 지나가게 되는 경험이 누구나 한 번쯤은 있을 것이다. 이게 바로 시계성에 기반해 지인을 놓치고 지나가게 된 이유다.

시계성이 좋다고 해도 접근성이 떨어지면 통과하게 된다. 실제로 많은 대로변의 건축물이 시계성은 좋지만, 접근성이 낮아서 지나가게 되는 경우가 많다.

대로변에 차량의 이동은 많고 도로변의 건물이 눈에 잘 띄어 시계성은 높아 보여도 그 공간을 통과하는 곳이 많이 있다. 이런 경우 대로변의 차량을 상대로 아무리 분석해보아도 모두 잘못된 분석을 하게 된다.

1. 상권 외부에서 보는 시계성

외부에서 보는 시계성은 일종의 광고효과와 연관이 깊다. 반복적으로 이동을 하면서 자연스럽게 간판이나 특정 업종의 위치를 외우게 되는 현상이다. 우리는 수많은 TV, 지하철, 버스, 신문, SNS의 광고를 보고 듣지만 기억에 남는 것이 없다. 특별히 관심이 있는 상품에 대해서는 기억을 하고 있지만, 길거리의 수많은 점포를 일일이 기억하기 어렵다. 이렇게 자신이 반복적으로 듣고도 기억하지 못하는 현상을 광고학에서는 재핑 효과(Zapping effect)라고 말한다.

그러나 주거지역이나 업무지역 또는 자주 이동하는 지역에서는 지속된 노출 효과로 자신도 모르게 외우게 되는 경우도 있다. 이때가 상권 외부에서 보는 시계성이다. 하지만 외부에서 보는 시계성이 좋다고 하더라도 지나가버리는 곳은 상권에 도움을 주지 않는다.

[자료 5-43] 대로에서의 시계성

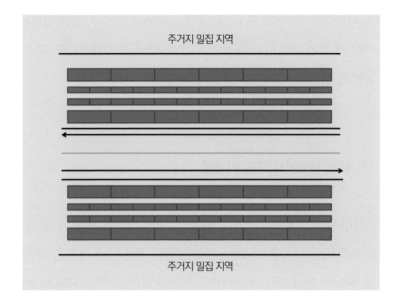

[자료 5-43]과 같이 4차선 이상의 도로로 형성되어 있는 경우이며 이 도로를 이용하는 차량이 다른 목적지로 이동을 하게 되는 경우에는 이동하는 차량과 주거지역을 대상으로 분석하면 실패한다. 시계성이 우수할 수는 있어도 단순히 통과하는 지역이 많이 있다. 이때는 주거지역만 분석 대상으로 삼아야 한다.

이렇게 통과하게 되는 현상이 나타나는 이유는 신도시의 형성이 지속적으로 이루어지게 되면서 나타나는 현상이다. 대중교통을 이용해도 다음 도시로 이동하는 현상 때문에 지나가는 길이 된다.

[자료 5-43]과 같은 곳을 분석할 때는 퇴근길 방향에서 우측 방향이 우선되는 것을 기억해야 한다. 사람들이 승용차를 제외하고 버스를 이용하게 되는 경우에는 우측 방향에서 시작해 횡단보도가 있는 곳까지 이동하게 되어 반대쪽보다 유동인구가 더 많다. 그리고 주거지역에서 접근하는 동선을 찾아야 한다.

2. 휘어지는 길

많은 도로들이 휘어져 이동하는 경향을 많이 보이고 있다. 이런 도로에서는 보행자의 보행 동선과 차량 이용자의 시계성을 분리해 분석한다.

[자료 5-44] 보행자의 시계성

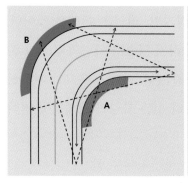

[자료 5-45] 차량 이용자의 시계성

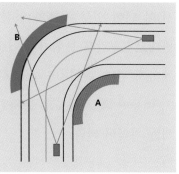

[자료 5-44]에서 보행자의 시계성을 보면 보행자는 A공간의 인도(빨간색 실선)를 활용해 이동한다. 따라서 A공간은 보행자의 접근성이 높은 구간이다. 이런 공간은 대부분 점포의 크기가 작은 것이 특성이다. 그러나 시선은 B의 방향을 향하고 있다.

반면에 [자료 5-45]처럼 차량 이용자는 시선이 B를 향하고 있다. 물론 도로 옆에 차량을 주차하면 된다고 생각하지만 여러 가지 제약사항이 많은 것을 알 수 있다.

B공간은 시계성을 기반한 프랜차이즈 전문점이나 규모가 큰 학원시설, 병원시설에 기반을 둔 편의점, 규모가 큰 음식점, 자동차 판매점 등과 같은 업종이 가장 선호된다. 주차장 시설을 잘 갖추면 효과는 더욱 커진다.

지금 설명한 곳은 평지 상태의 이동을 설명했다. 그러나 항상 평지일 수는 없다. 경사진 곳에서 휘어진 길은 이런 현상이 나타나지 않는다.

[자료 5-46]에서 A공간은 보행자가 이동하는 길(빨간색 실선)이 되어 일부 점포가 입점하지만, 영업은 어려울 것이다. 반대로 B공간은 보행자가 이동하지 않으며 차량의 동선만 존재하게 된다. 휘어지면서 경사진 곳은 차량 이용자가 위험하기 때문에 빠른 속도로 통과한다. B는 차량의 시계성이 떨어지는 지역이 된다.

[자료 5-46] 경사진 곳에서의 접근성

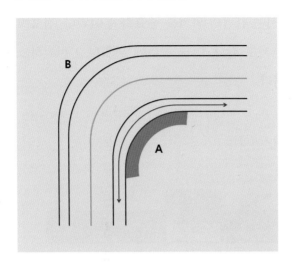

3. 보행상의 시계성

상권에서 이동할 때 보행자는 앞에서 설명한 시선의 각도로 이동을 하지만 머리의 각도는 약간 아래로 향하고 있다. 이런 상황에서 상대적으로 위쪽은 잘 쳐다보지 않게 된다.

앞에서 상권에 접근하는 원리에 확률을 더해 설명했다. 접근성에 기반해 얼마나 많은 사람이 해당 지역에 올 수 있는지 확률을 가지고 번성할 곳을 찾아보았다. 상권 내부에서도 동일하다. 얼마나 많이 유동인구의 눈에 띄는 점포인지가 매우 중요하다. 눈에 많이 띄면 그만큼 찾아올 수 있는 확률이 높아진다.

그래서 점포에서는 간판의 위치를 중요하게 여긴다. 점포에 있어 간판은 생명과도 같다. 어느 공간에 위치하고 선점하느냐가 매우 중요하다.

[자료 5-47] 보행상의 시계성 ①

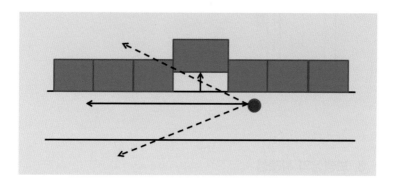

[자료 5-47]은 보행 동선상에 건물 하나만 안으로 들어간 경우다. 보행자가 정면을 보고 이동을 할 경우 시야각에 의해 안으로 들어간 점포가 보이지 않는다.

만약 [자료 5-48]처럼 동선상에 전봇대나 가로수가 있을 경우에는 아예 점포가 보이지 않을 것이다. 이런 경우 최대한 점포를 노출시킬 수 있는 방법을 찾아야 한다. 입간판을 활용하든지 공간을 활용해 유동인구의 시선을 돌릴 수 있을 방법을 찾아야 한다.

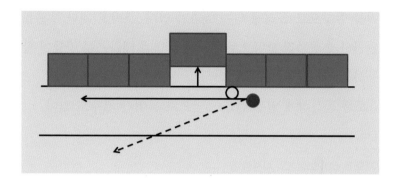

[자료 5-49]는 홀로 건물이 위로 올라가서 계단을 이용하는 경우다. 가장 먼저 시계성 측면에서 보면 간판이 시야각에서 벗어난다. 그리고 유동인구가 계단을 올라가는 것을 싫어할 수도 있다.

시선을 건물 쪽으로 향하게 하는 전략이 필요한데 대부분

[자료 5-49] 보행상의 시계성 ③

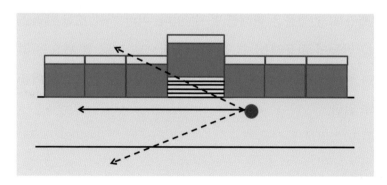

건물에 특수 조명을 이용해 바닥에 그린다. 그럴 경우 시선을
건물 방향으로 돌리게 되는 효과가 있다. 그리고 계단 부분을
완만하게 경사진 모양으로 바꾸는 방법과 테라스를 만들어 활
용하는 방법도 있다.

보행 동선상에 일부 건물이 안으로 들어간 경우도 있다.

[자료 5-50] 보행상의 시계성 ④

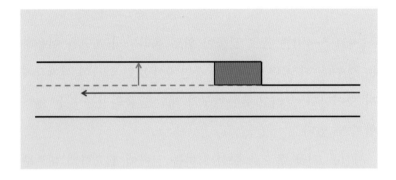

[자료 5-50]과 같이 건물이 모두 뒤로 후퇴한 경우 첫 번째
(빨간색) 건축물은 피해를 볼 수 있다. 이런 건물 또한 테라스
를 만들어 활용해볼 수 있다. 전체적으로 모두 할 필요는 없
다. 어차피 모두 후퇴한 경우라면 유동인구는 안으로 들어올
수 있다.

4. 사거리에서 코너 상가

먼저 코너 상가의 개념에 대해 알 필요가 있다. 코너 상가는 어느 공간에서나 보인다는 것으로 기준을 삼고 있다. 그러나 현장에서 코너 상가를 잘못 이해한 경우가 많다.

[자료 5-51] 사거리에서 코너 상가 ①

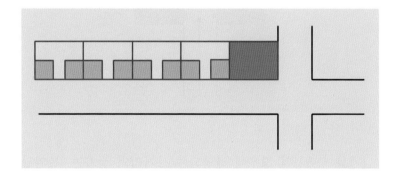

[자료 5-51]과 같이 파란색에 위치하면 코너 상가로 오해하는 독자들이 있는데 이것은 코너 상가라고 할 수 없다. 그냥 길옆에 나란히 존재하는 상가일 뿐이다. 여기에서 코너 상가는 빨간색 건물 전체가 코너 상가에 해당된다.

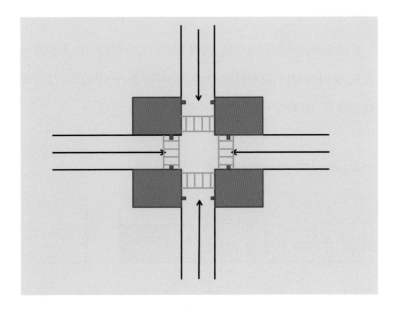

[자료 5-52]의 경우에 해당되는 사거리의 상가는 '옥외광고물설치및관리에관한법률'에 따라 돌출간판을 두 군데에 설치할 수 있다. 이렇게 설치된 간판은 4방향 모두에서 눈에 잘 보인다.

그리고 중요한 것은 횡단보도가 대부분 사거리 인근에 위치하고 있어 보행자의 접근성 또한 우수하다. 어느 특정 점포만 코너 자리라 할 수 없는 이유가 바로 돌출간판 때문이다.

5. 상권 내부 삼거리의 시계성

접근성에서 삼거리는 대중교통을 이용한 접근성을 기반으로 살펴보았지만, 상권 내부에서 삼거리는 보행자 기반의 삼거리에 해당된다.

[자료 5-53] 골목길 삼거리에서 시계성

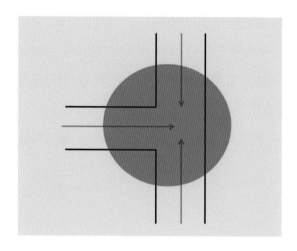

[자료 5-53]과 같이 골목길에서 접근성이 바탕이 된 삼거리는 유동인구가 가장 많이 모일 수 있는 공간이 된다. 상권은 이러한 삼거리나 사거리에서 만남이 이루어지고 상권을 확대시키는 성향이 강하다.

6. 주거지역에서 보는 시계성

주거지역에 인접한 상가는 시계성이 매우 뛰어나다. 그 때문에 건물의 높이와 간판의 위치에 따라 주거지역에서 지속적으로 볼 수 있는 곳이 우수하다. 이러한 건물 옥상에는 어김없이 대형 간판이 설치되어 있다.

주거지역과 인접한 곳의 상가는 반드시 주거지역에서 볼 수 있는 상가를 우선 선택하는 것이 좋다.

건물 위층에는 주거와 연관된 구매 성향이 반드시 목적을 가지고 방문할 수 있는 업종이 많을수록 좋다. 병원시설, 교육시설, 미용실, 세탁소 등과 같이 언제나 눈에 띄는 업종이 입점하면 좋다. 이런 시설이 많이 들어온 경우 1층도 활성화를 기대할 수 있다.

7. 업무지역에서 보는 시계성

업무지역이 많은 곳도 업무지역에서 내려다볼 수 있는 건물이 유리하다. 여러 가지 조건에 의해 가려진 경우라면 가급적 피하는 것이 좋다.

업무지역과 마주한 점포들이 업무용 빌딩과 나란히 만들어져 있지만 뒷 블록에는 점포가 없는 이유가 시계성과 접근성 때문이다.

직장인은 점심시간이 한정되어 있다. 그 때문에 가까운 거리의 식당을 찾아가서 빠른 식사를 마친 후 충분한 휴식을 원한다. 점심시간에 너무 뜨거운 음식이나 매운 음식은 직장인들이 회피하는 주요 업종에 해당된다. 뜨거운 음식일 경우 잠시 찬물에 식혀서 나가는 것도 회전율을 높이는 전략이 되고, 직장인 입장에서는 빠른 속도로 식사를 한 후 잠시 휴식 시간을 가질 수 있다.

03 집객성

상권에는 유동인구를 모아주는 다양한 시설이 있다. 유동인구를 모아주는 성질을 집객성이라고 한다. 집객성에는 두 가지 효과를 가지고 있다. 유동인구를 모아주는 집객효과와 유동인구를 더 이상 집객성 있는 시설의 뒤로 지나가지 못하게하는 저항효과가 있다.

집객성을 가진 시설은 대부분 대형건물이거나 주거환경, 대학교, 지하철, 기차역, 버스터미널, 관공서, 오피스텔 밀집지역, 대형 업무환경, 영화관, 모텔집결지 등이 있으며 상권 자체가 유동인구를 모아주는 로데오거리, 패션거리 등과 같은 명칭이 있는 상권이다.

1. 집객효과

집객효과는 유동인구를 해당 건물이나 시설에 모아주는 시설들을 말한다. 유동인구를 끌어들이는 역할을 하는 시설과 유동인구를 상권 방향으로 보내주는 시설이 있다. 두 가지 분류에 따라 분석하면 정확한 분석이 가능하다.

1) 유동인구를 모아주는 역할

유동인구를 끌어들이는 역할을 하는 시설은 영화관이나 모텔이나 호텔이 군집된 곳이 대부분이다. 이러한 시설은 상권 내부에서 계속 이동하게 되는 동선의 끝부분에 있다. 따라서 이러한 시설 뒤로 상권을 확대시키지 않는다. 상권이 완성되었다는 것을 의미한다.

대중교통을 지점으로 출발점을 만들고 영화관을 도착지점으로 만들어 동선을 하나씩 그려볼 수 있다. 일반적으로 상권 내부에는 특별한 장애요인이 없다고 가정하고 해당 지점의 유동인구 네트워크 동선을 만들어볼 수 있다.

네트워크 동선을 만드는 방법은 컴퓨터 프로그램인 UCINET, Pajek, R 등 다양한 프로그램을 활용해 분석할 수도 있고, 현장에 가서 유동인구의 동선을 직접 확인하고 분석하는 방법도 있다. 필자의 경우 사용의 편리성으로 UCINET을 응용해 사용하고 있다.

집객 시설이 상권 외곽에 있는 경우와 상권 중심에 있는 경우로 구분할 수 있다. 두 가지 모두 대중교통을 중심으로 이동 동선을 그려보면 상권이 번성한 곳을 찾을 수 있다.

[자료 5-54] 유동인구를 모으는 시설

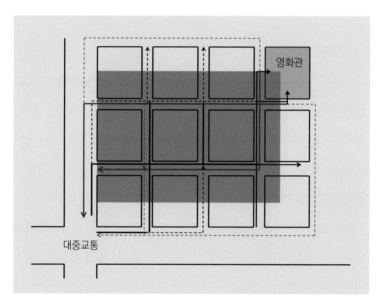

[자료 5-54]를 보면 검은색 실선이 상권으로 진입해 영화관으로 이동하는 주된 동선에 해당되고, 검은색 점선은 보조적으로 이동하는 동선에 해당된다.

빨간색의 실선은 영화관에서 나오는 유동인구의 동선으로

메인 동선이고, 빨간색 점선은 추가적으로 사용하는 동선에 해당된다. 빨간색 점선의 경우 상권 외부로 돌아서 나가는 선으로 상권을 이용할 의사가 없는 유동인구는 빠른 속도로 대중교통 방향으로 이동한다.

[자료 5-54]에서 진입하는 동선과 빠져나가는 동선이 겹쳐지는 곳(빨간색 면)은 상대적으로 유동인구가 많으며 상권이 번성한 것을 알 수 있다.

다음은 상권 중심에 있을 경우를 만들어보았다. 다른 조건을 모두 배제하고 오직 동선만을 기준으로 만들었다. 실제 현장은 각종 장애요인이나 건물의 조건에 따라 동선이 바뀐다. 실제 현장에서 동선을 만드는 방법을 알려주기 위함이다.

[자료 5-55] 유동인구를 모아주는 시설이 상권 중심에 있는 경우 ①

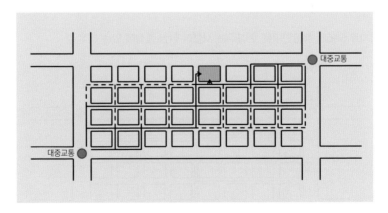

[자료 5-55]는 대중교통을 이용해 상권으로 접근하는 동선을 그려보았다. 때로는 점선의 모습이 실선으로 바뀌기도 하는데 굳이 이 부분에 대해 궁금해하지 않아도 된다. 현장에서 분석은 다양한 방법으로 바뀌기 때문이다. 동선을 만드는 방법은 점과 점을 연결하는 것이라는 것을 수차례 밝힌 바 있다.

다음은 영화관에서 나오는 동선을 만들어보았다. [자료 5-56]과 같이 유동인구는 진입한 동선을 이용해 영화관에서 나오는 것을 알 수 있다. 영화관을 기준으로 왼쪽의 동선과 오른쪽의 동선의 형태가 많이 다른 것을 알 수 있다. 영화관을 기준으로 오른쪽 대중교통 방향으로 대로변을 이용해 바로 빠져나가는 유동인구도 많이 있으며, 일부 상권 내부를 통해서 빠져나가는 것도 알 수 있다. 이런 동선 원리를 이용해 급지를 구분할 수 있다.

[자료 5-56] 유동인구를 모아주는 시설이 상권 중심에 있는 경우 ②

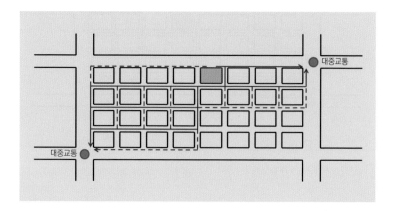

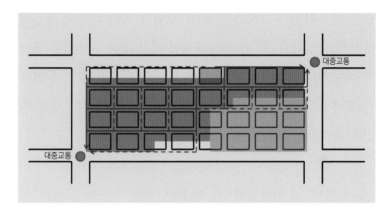

[자료 5-57]에서 보면 상권이 번성할 공간을 쉽게 구분할 수 있을 것이다. 파란색의 경우는 유동인구의 동선이 끊어지는 경우가 많다. 이런 경우 오피스텔이나 숙박시설이 입점하면 유동인구를 지속적으로 이동시킬 수 있는 조건이 된다.

같은 공간에서도 길 하나 차이로 상권 특성이 바뀌는 것이 바로 이 원리에 의해 바뀌는 것이다. 유동인구의 네트워크 동선을 이해하는 것이 중요한데, 이것은 현장에서 분석하는 것이 가장 현명한 방법이다.

만약에 상권이 형성되어 있지 않은 계획된 도시의 경우 본인이 직접 도면을 보고 유추하거나 현장을 방문해 직접 걸어보는 것이 중요하다.

연습하는 방법은 의외로 간단하다. 먼저 지도나 설계도면을 바탕으로 꼼꼼히 체크해보는 것이다. 특히, 유동인구는 넓고 밝은 골목길을 우선해 이동하며, 창업자 또한 넓은 골목길에 우선해 창업한다. 두 번째는 자신이 직접 그린 유동인구 동선을 바탕으로 현장에서 다시 한번 분석해보는 것이다. 세 번째는 도면을 보고 판단한 동선과 실제의 차이를 분석해보고 원인을 찾아내면 된다.

2) 유동인구를 상권 방향으로 보내주는 역할

상권의 출발지점에 해당된다. 따라서 유동인구가 상권으로 진입하게 만드는 시설이다. 지하철이나 기차역, 버스터미널, 오피스 건물, 대학교, 관공서, 대형 업무시설, 로데오거리, 패션거리, 먹자골목 등이 이에 해당된다. 지하철이나 기차역의 사례를 보자.

[자료 5-58] 유동인구를 상권으로 보내주는 지하철

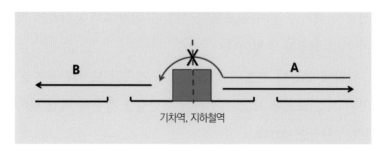

[자료 5-58]처럼 지하철이나 기차에서 하차한 승객이 A공간의 상권으로 진입했을 경우 이미 이 유동인구는 A공간에서 상권을 모두 이용한 상태다.

유동인구가 다시 지하철이나 기차역 방향으로 되돌아오는 것은 이미 이 상권에서 벗어나려는 의사를 가지고 지하철이나 기차를 이용한다. 따라서 A공간에서 B공간으로 유동인구가 이동하지 않는다.

B공간은 기차나 지하철을 이용한 유동인구가 배후지의 조건에 따라 이동하게 되어 A공간과는 다른 상권 특성을 가지고 형성되어야 한다. 만약 A공간에 상권이 형성되어 있지 않으면 B공간 배후에 새로운 집객 시설(주거환경, 업무시설 등)이 들어와서 B공간에 배후지의 특성에 맞는 새로운 상권이 만들어질 수 있는 조건이 된다.

지금과 같이 영화관이 들어선 상권의 경우 상권의 번성도는 매우 높을 것이다. 그러나 기억해야 할 것은 상권이 번성된 공간에도 길 하나 차이로 영업이 잘되는 점포가 있고, 영업이 잘되지 않는 점포가 있다. 그러므로 분석자는 길 하나 차이의 중요성을 인지하고 분석해야 한다.

같은 길에 있어도 양쪽의 영업성은 다르며, 임대가격 또한 다르다. 잘못된 분석은 창업자나 투자자를 매우 어려운 상황에 직면하게 한다.

대로변의 업무시설이 밀집된 공간에서 상권 이용을 보면 [자료 5-59]와 같다.

[자료 5-59] 업무지역과 대중교통의 집객성

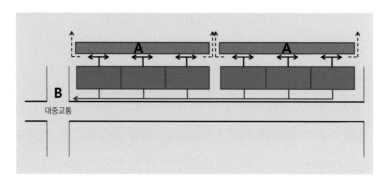

먼저 A공간은 직장인이 점심시간에 이용할 수 있는 점포들에 해당된다. 과거에는 검은색 점선처럼 상권의 뒤로 이동하는 동선이 있었다. 그러나 근로시간 주 52시간이 시행되면서 퇴근길(빨간색 실선)을 이용해 대중교통(지하철, 버스 정류장 등)이 발달된 공간으로 빠른 속도로 이동하게 된다. 저녁시간에 업무시설이나 상권에 있을 이유가 없다.

따라서 검은색 점선은 동선이 사라지게 되고 점포들도 문을 닫을 것이다. A공간의 점포 또한 과거에는 점심시간부터 저녁시간까지 영업할 수 있었지만, 주 52시간 근로시간 시행으로 인해 저녁시간 영업이 불가능하게 될 것이다.

결국 A공간의 영업성이 떨어지게 되고 임차인들은 영업을 포기하게 되거나, 점심식사 비용과 기타 비용들이 지금보다 높아질 가능성이 있다. 가격이 인상되지 않으면 임대료와 인건비를 맞추기 힘들어진다. 최소의 인원만 남기고 해고하거나 임시직 근로자의 고용이 줄어들게 된다. 또한, 직장인 상권의 유흥업소와 모텔들은 문을 닫는 현상이 나타나게 될 것이다.

한편 상권이 대학교를 기준으로 만들어질 경우 대학교 인근의 상권을 분석할 때는 몇 가지 중요한 포인트가 있다.

첫 번째는 학교 안에 시내버스가 진입하고 있는지를 확인하는 것이다. 학교 내부에 시내버스 노선이 있을 경우에는 주변 상권에 어려움이 많다. 학생들은 학교 안에서 버스를 타고 다른 공간으로 이동하게 된다.

두 번째는 정문이나 후문을 정확하게 확인해야 한다. 기본적으로 대학교의 경우 정문쪽은 대로변이거나 교문에서 강의실까지 거리가 멀다. 때문에 강의동 건물에서 가까운 후문이나 학생들이 만든 출구 쪽에서 상권이 발달하게 된다. 이때 상권이 번성하는 방향은 대중교통이 발달된 공간이나 고시원, 원룸이 모여 있는 곳으로 발달하게 된다. 이때 후문이나 작은 문 방향이 산이나 장애요인으로 둘러싸여 있으면 상권은 정문 쪽에 발달한다.

세 번째는 학생들의 기숙사 위치에 따라 상권이 발달할 수 있다. 대부분의 기숙사는 11시 이후에 출입문이 닫히기 때문에 이 시간까지 영업이 가능한 업종이 위치하게 되며, 반드시 학교 외부로 연결되는 출입문을 확인해야 한다.

2. 저항효과

저항효과는 상권으로 되돌려 보내는 역할을 한다. 유동인구의 동선이 지속적으로 확대될 수는 없다. 어느 공간에서든 멈추게 되어 있다. 바로 장애요인을 만날 때다.

장애요인을 만나면 두 가지 요건을 확인할 수 있다. 장애요인까지 끌어들이는 조건과 장애요인을 만나기 전에 되돌아가는 조건이 있다.

장애요인이 있는 곳까지 끌어들이는 요건은 앞서 말했던 집객효과의 유동인구를 상권방향으로 보내주는 역할에서 영화관의 경우처럼 유동인구를 끌어들이는 역할을 한다. 장애요인을 만나기 전에 유동인구가 되돌아가게 하는 역할은 대부분 대형 공원이나 하천, 둑, 학교, 가드레일이나 방음벽이 만들어진 주거환경 인근 등이다. 대부분 점포가 들어오기 힘든 조건의 어두운 곳에 해당된다.

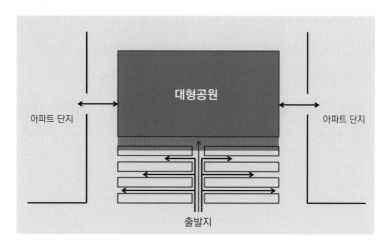

[자료 5-60]의 빨간색 실선은 출발지에서 공원을 이용하는 유동인구의 동선이다. 공원을 이용할 목적을 가지고 이동하는 유동인구가 주변의 상권을 이용할 가능성은 현저히 낮다. 실제 상권을 이용할 유동인구 동선(검은색 실선)은 공원을 만나기 전에 방향을 바꾸게 된다.

빨간색 면으로 되어 있는 곳은 점포가 들어오기 힘든 조건이다. 주요 원인은 어두워지는 현상이 나타나고 대부분의 공원은 대형으로 만들어져 주거지역을 위해 만들어졌다. 이때의 저항요인은 대형 공원이 된다.

아파트 단지에서 접근하는 유동인구는 공원을 이용한 후 다시 진입한 방향으로 되돌아가기 때문에 상권을 이용할 이유가 없다.

상권을 이용하는 유동인구는 반드시 공원을 만나기 전에 되돌아간다는 것을 기억해야 한다. 쾌적한 자연환경은 주거환경에 유리하지만, 상권에는 불리한 조건에 해당된다.

장애요인의 요건에 대해는 '장애요인' 편에서 자세히 다루기로 하겠다.

04 수익성

　창업자나 상가 투자자의 입장에서 수익성은 가장 중요하다. 당연한 이야기지만 수익을 내기 위해서는 수많은 노력이 뒷받침되어야 한다.

　수익이 나오지 않는 상가는 부동산으로서 존재 가치가 없는 것이며, 거래 대상도 될 수 없다. 이때의 수익은 임대수익과 점포를 직접 운영하는 운영수익, 그리고 매매 시 발생하는 매매수익으로 나누게 되는데, 이 책에서는 상가에 자기 자본을 투자해 임대 시에 나오는 수익과 점포의 창업에서 나오는 수익률에 맞추어 설명하기로 한다.

　상가 건물에서 수익성은 개발자의 수익성과 상가 수분양자의 수익성, 일반 매매에서의 수익성, 경·공매에서의 수익성, 임차인의 수익성으로 나눌 수 있다.

[자료 5-61] 투자 방법에 따른 장단점 구분

투자 방법	장점	단점
분양	원하는 지역, 선호 층수, 면적 등 확보 신축으로 인한 건축수명과 쾌적성 확보	공사 기간이 길다. 분양가가 고가다. 공실일 경우가 많다. 상권 활성화에 시간이 걸린다. 분양자에 대한 의존도가 높다.
매매	원하는 지역 선택 가능 지역 중개업소의 도움이 가능 임차인이 있는 경우 안정된 수익 가능	매매가가 높다. 일부 임차인의 저항이 예상 고가의 중개수수료 문제 발생
법원 경매	분양 및 매매가 대비 저렴 권리관계 말소의 용이 금융 비용으로 투자비 감소 임차인 명도가 용이함.	물건을 선택한 뒤 시간이 소요됨. 명도의 시간이 소요됨. 법률관계 관련 학습이 필요 권리분석 실패 시 리스크 큼.

1. 개발자의 수익성

과연 개발자는 상가 건물을 지을 때 어느 정도의 수익을 기대하고 건축하게 될까? 개발자는 상가를 개발할 때 택지 구입비용, 건축비용, 인건비, 금융비용 등을 투입해 상가 건물을 건축하게 된다. 개발자는 개발비용 및 회사와 개인의 투자 비용을 회수해야 한다.

이번 항목에서 개발자가 어느 정도의 비용으로 어느 정도의 분양가를 정하는 것에 대한 정확한 내용을 기술하기에는 어려움이 많다. 그러나 지금도 많은 분양 현장에서 적극적인 투자자에 대해서는 아직도 많은 할인이 이루어진다는 것을 기술한다.

이 책에서는 1층의 분양가격이 확정된 후 나머지 층의 분양가격 책정에 대한 비율을 소개하기로 하겠다.

[자료 5-62] 상가 개발자의 수익성

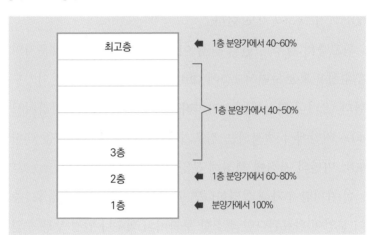

[자료 5-62]처럼 1층을 기준으로 해 분양가를 확정하게 되는데, 이때 분양가는 주변 상가의 분양가격을 기준으로 분양가격을 책정하기도 하지만, 상업지에서 첫 번째 분양하는 상가의 경우에는 철저히 상가개발에 대한 수익률을 기준으로 책

정하기도 한다.

1층 점포의 분양가격이 책정되면 2층의 경우 1층의 분양가에 대비해 상권이 좋고 나쁨에 따라 60~80% 수준에서 책정된다. 상권이 좋은 경우에는 3층까지도 이 수준에 책정되기도 한다.

[자료 5-62]는 일반적인 상권의 모습을 기준으로 했으며 3층부터 고층까지의 분양가는 1층 대비 40~50% 수준에 분양가격을 책정하기도 하지만, 상권이 좋은 공간의 경우 최대 60%까지 책정하기도 한다.

최고층의 경우 주변의 환경 여건에 대비해 스카이라운지의 우수성을 홍보하면서 1층에 대비해서 60%까지도 책정되기도 한다. 그러나 최근에는 스카이라운지에 대한 의미가 사라져서 40% 미만에서 책정되는 경우가 많다. 지하의 경우 1층 대비 40% 미만의 가격에 책정해 분양하는 경우가 많다.

한 가지만 추가해 설명한다면, 대부분의 분양상가의 경우 1층이 분양이 완료된다면 최소한 투자비의 회수나 일정 부분 수익이 확보되고 있다는 것 정도만 설명할 수 있다.

2. 수분양자의 수익성

상가를 분양받는 투자자를 수분양자 또는 피분양자라고 부른다. 상가 투자자의 수익성은 대도심권과 일반도심권에 따라서 다르다.

대도심권은 주변의 환경 및 배후지가 일반적인 도심권이나 수도권에 비해 상가 건물의 매매 거래가 더 잘 이루어진다. 또한, 임대 후 임대수익이 주변여건으로 인해 안정적인 측면이 있기 때문에 임대수익률이 낮은 경우가 많다.

대도심에서 1층의 경우 투자금액 대비 수익률은 약 5% 이상으로 유지되고 있는 것이 현실이다. 그러나 일반도심권의 경우 대도심권보다는 상대적으로 수익률이 높은데 그 이유는 임대수익이 주된 목적으로 운영되는 상가가 많고, 상대적으로 매매차익이 크지 않다 보니 임대수익이 높은 것을 선호하게 되는 성향 때문으로 분석된다.

도심권 및 수도권에서 상권이 잘 발달된 경우에는 5% 이상에서 일반적인 상권에서는 8% 이상의 수익성을 보고 투자하는 경우가 많다. 이때 분양 전문 상담을 하는 전문가는 대부분 은행 금리 대비 투자 수익률을 제시하는 경우를 많이 볼 수 있다.

예를 들어 1억 원이라는 돈을 은행에 예치할 때 금리가 연

2.8%면 1년에 약 236만 원의 예치 이자를 받을 수 있다. 하지만 상가에 투자할 시 8%의 수익률이 나온다면 800만 원의 수익이 발생하게 된다는 수익률을 제시하는 것이다.

그러나 지역 및 상권의 특성에 따라 수익률은 더 높아질 수도 있고 낮아질 수도 있으므로, 투자자들은 좀 더 세밀한 수익률 분석을 통해 투자하는 것이 중요하다.

3. 일반 매매의 수익성

현재 부동산 중개업소에서 많이 거래되고 있는 일반 매매에서의 수익성을 말한다. 정확한 수익률 분석을 위해서는 부동산 중개업소 및 매도자로부터 더욱 정확한 자료 제시를 요구하는 것이 중요하다.

예를 들면 임대차 계약서상의 임대가격 및 주변의 임대가격, 그리고 실제 거래된 통장 사본 및 임대료 지불 영수증을 요구할 수 있어야 한다. 이러한 자료를 토대로 수익률을 분석하는데, 분양 시와 같은 수익률을 많이 제시하게 된다.

4. 법원 경매의 수익성

일반적으로 법원 경매에서 상가 물건은 많은 투자자들이 회피하는 경우가 많은데, 이것은 잘못 만들어진 선입견이다. '장사가 잘되고 상권이 잘 형성된 곳에서 상가 건물이 경매가 나올 리가 없다'는 생각이 지배적인데 전혀 틀린 말은 아니다. 그러나 현장은 다르다.

일부 개발자는 배후 환경이 갖춰지기 전에 상가를 건축한 후 임대나 분양이 안 되어 법원 경매로 나오는 경우가 있고, 건물 소유자의 금융관리 부실, 사업 실패, 경영관리 능력 등으로 인해 진행되는 경우도 있다. 그리고 건물 소유자의 상속과정에서 문제가 발생해 진행되는 경우 등 그 사례는 상당히 많다.

법원 경매는 상가 임대 시장을 전체적으로 안정화시켜주는 역할도 한다는 것을 알아야 한다. 높은 분양가 등으로 인해 임대 및 분양이 이루어지지 않았지만, 법원 경매 진행으로 인해 시간이 흘러가게 되면서 상대적으로 상권이 자연스럽게 형성되면서 임대가와 분양가를 낮춰주는 역할을 하게 된다. 법원 경매 물건이 오히려 상가 부동산 시장을 안정시키는 순기능을 하는 것이다.

법원 경매에서 투자 수익률을 다음과 같은 방식으로 계산하면 투자 위험성과 안정적인 투자 수익을 기대할 수 있다. 가장 일반적인 상가의 경우 안정적인 수익률은 최소 10% 이상일 때 투자하는 것이 좋고, 지역과 상권에 따라서는 더 낮은 수익률이나 더 높은 수익률도 가능하게 된다. 필자의 경우 최대 50% 이상의 수익률도 경험한 적 있는데, 이런 물건은 항상 존재하는 것이 아니다. 10% 이상의 수익률을 제시하는 것은 경매로 낙찰받은 후 매매 시장에서도 쉽게 거래가 가능하게 하기 위한 수익률이다.

수익률 계산법

$$\frac{(월세 \times 12) - (대출금 \times \frac{이율}{100})}{실\ 투자비} \times 100 = 실\ 투자비\ 대비\ 수익률$$

앞의 식은 상가 투자 시 임대수익에 대한 실 투자비 대비 수익률을 계산하기 위한 식으로서 월세×12는 1년 임대료를 말하고, 대출금 ×이율/100은 1년 금융 이자를 말한다.

여기에 실제 투자한 비용을 나누어준 후 곱하기 100을 하면 투자금액 대비 수익률이 나오는데, 법원 경매 물건에 투자할 때는 최소한 10% 이상 나오는 것을 입찰하는 것이 중요하다.

법원 경매 물건 중에 상가 부동산의 경우 대출은 각 금융권에 따라 80~90%까지 나오는 경우가 많은데 제1금융권에서

70% 미만을 권유한다.

 물론 지역 및 상권에 따라 더 많은 수익률이 나오는 경우가 있고 더 낮은 경우가 있지만, 그것은 현장 조사 시에 판단해야 하는 문제이므로 이 책에서는 일반적인 경우를 제시한다.

5. 점포 창업자의 수익성

 점포를 창업하는 창업자나 점포를 개발하는 전문 점포개발 전문가가 가장 많이 활용하는 수익률 계산표는 다음과 같다.

창업자 수익률

$$\frac{(1년 매출)-(운영경비)-(대출금 \times \frac{이율}{100})}{실 투자비} \times 100 = 연 투자금액 대비 수익률$$

 점포를 임대해 영업하는 창업자 입장의 분석도 중요하지만, 상가를 직접 매입해 점포를 창업한다면 훨씬 더 좋은 수익률을 낼 수 있다. 또한 상가 소유자의 눈치를 보지 않고 자신이 영업할 수 있는 시기 및 기간 등을 스스로 조절해 운영한다면 보다 안정된 상태에서 경영을 할 수 있다.

상가를 직접 소유해 점포를 영업한다면 보증금 지불 부분을 상가 매입비용에 합하고, 임대료 지불 부분에서 금융비용을 제외하고 운영 경비를 뺀 나머지 부분이 수익률로 나타나게 될 것이다.

간혹 상가를 매입해 점포를 개발하는 것에 대해 반론을 제기하는 전문가도 있지만, 상가 투자 창업에 대한 충분한 지식이 갖추어진다면 충분히 도전해볼 수 있다. 상가 투자와 창업에 대한 기본 지식은 상권과 입지조건 분석이 가장 기본이 되기 때문이다. 직접 운영이 어려울 경우 영업 중인 점포를 제삼자에게 다시 임대하는 것도 점포를 임대하는 전략 중 하나일 수 있다.

이 창업자 수익률 계산식은 점포를 임대했을 때와 실제 상가를 매입한 후 직접 점포를 운영할 때 사용해도 좋을 것이다. 1년 매출에 1년간 경영한 운영 경비, 즉 부자재 매입비용과 인건비, 전기 및 수도세 등을 포함한 비용과 각종 대출과 관련된 금융비용을 뺀다. 그다음 이 금액에서 상가를 직접 매입해 운영하는 투자자의 경우에는 상가 매입비용, 점포를 임대했을 경우에는 임대 보증금과 권리금, 인테리어비용 등을 실 투자 금액 영역에 놓은 후 나누어 준다. 여기에 100을 곱하면 연간 투자금액 대비 수익률이 나올 것이다.

제 6부

장애요인

상권에서 장애요인을 알면
상권이 완성되는 곳과 상권이 확대되는 방향을 알 수 있다.
장애요인의 정확한 특성을 알면
남들이 투자하지 못하는 공간도 투자할 수 있다.

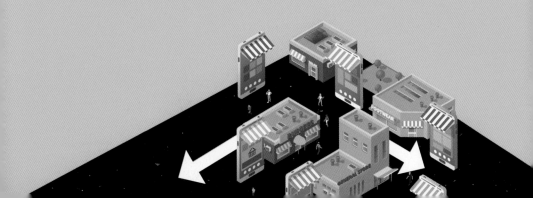

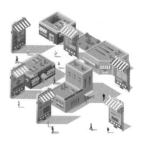

입지 분석에서 장애요인을 안다는 것은 매우 중요하다. 장애요인은 상권이 만들어지는 과정이나 이미 형성된 상권에서 상권의 범위를 정하고 유동인구의 동선을 결정하기 때문이다. 그러나 공간 및 어떤 모습으로 위치하고 있는지에 따라 전혀 다른 모습을 보여준다.

앞에서 집객성에 대한 설명 중 집객효과와 저항효과를 설명했다. 유동인구가 이곳에 장애요인이 있는지 확인하려고 끝까지 오지는 않는다. 반드시 그 전에 되돌아간다. 그러나 특정 장애요인의 경우는 배후지의 특성상 통과할 수밖에 없는 장애요인도 있다. 저항효과는 장애요인까지 오지 않는다. 대부분 그

규모가 크고 상대적으로 야간에는 어둡다. 예를 들면 대형 공원이 있거나 강을 끼고 있으면 기본적으로 주변에 상권이 번성할 것으로 기대하지만 오히려 반대 현상이 나타난다. 대형 공원을 이용하는 유동인구의 목적은 공원이나 강 주변을 방문하는 것이 목적이다. 따라서 상권이 있어도 통과하게 된다. 그러나 대형 공원 주변에 특정 목적의 상권을 만들면 달라진다.

　장애요인은 세 가지의 경우로 나누어 살펴봐야 한다. 남들이 장애요인이라고 판단하지만, 제대로 분석하면 지나가는 동선이 되는 경우와 이미 유동인구는 장애요인으로 인식해 장애요인이 있는 공간까지 오지 않는 경우, 장애요인이 유동인구를 모두 흡수해버리는 경우로 나눌 수 있다.

01 상권을 확대시키지 못하는 장애요인

1. 4차선 이상의 넓은 도로

4차선 이상의 넓은 도로는 오직 횡단보도를 통해 이동한다. 도로가 넓으면 넓을수록 심리적으로 극복하기 어렵다. 따라서 도로가 넓은 공간은 대중교통을 이용한 동선에서 유동인구의 움직임이 제한되어 있다.

이런 상권에서는 오직 상권의 배후로 제한해 분석해야 한다.

2. 가드레일 및 방음벽, 둑, 철길 등

가드레일은 도로중앙선이나 인도와 도로를 가로막는 장애물이다. 유동인구의 이동은 극히 제한적일 수밖에 없다. 방음벽의 경우도 동일하다. 주로 고속도로 주변이나 자동차 전용도로에서 주거지로 침범하는 소음을 막기 위해 만들어진 시설이다. 유동인구는 절대로 거리를 넘나들 수 없다.

둑은 대부분 공원이나 하천을 기준으로 만들어진 장애요인이다. 상대적으로 어둡고 긴 거리에 형성되어 있어 반대쪽으로 이동하기 어렵다. 철길 또한 어두운 조건에 해당되고 먼 길을 걸어야만 반대쪽으로 갈 수 있다.

3. 관공서와 대중교통

과거의 관공서는 대중교통을 기준으로 일정 거리를 보행한 위치에 있었다. 또한, 주차시설이 협소해 관공서에 방문할 때는 대중교통을 이용했다. 관공서를 방문한 유동인구는 이용 시간에 따라 주변의 점포를 이용해 상권에 도움을 주었다. 그리고 관공서를 기반으로 업무를 보는 주요 회사나 업종들은 관공서 인근으로 집중화되었다. 자연스럽게 직장인이나 성인을 위한 상권이 형성되었다.

최근의 관공서는 대형화되고 주차 시설을 잘 갖추게 되었다. 가장 중요한 것은 관공서 바로 옆에 대중교통이 집중화되고 있다. 서울시청이나 인천시청, 수원시청 등 많은 관공서가 지하철역에서 하차하면 바로 관공서다. 지하철이 없는 지역은 버스 정류장이 관공서 바로 앞에 밀집되어 있다. 그리고 웬만한 관공서 업무는 집에서 모두 해결할 수 있는 구조로 바뀌었다. 굳이 관공서에 방문해 업무를 볼 이유가 없어졌다.

과거에는 관공서가 유동인구를 모아주는 시설물이었지만, 지금은 유동인구를 모아주지 못하고 주변을 어둡게 하는 장애요인에 해당한다. 관공서를 기반으로 분석하는 것은 투자 실패와 직결된다. 관공서 주변의 다른 조건을 보고 분석해야 한다.

4. 대형 공원, 대형 백화점 및 쇼핑몰

쇼핑몰은 상권에 도움을 주지 못한다. 다시 말하면, 유동인구를 모두 흡수해서 쇼핑몰의 고객으로 만든다. 그리고 유동인구를 절대로 주변 상권에 보내지 않는다. 유동인구를 외부로 보내면 오히려 쇼핑몰의 매출이 하락하기 때문이다.

쇼핑몰이 입점하면 시장부터 주변의 주요한 업종은 모두 사라진다. 과거에는 백화점 인근의 점포들은 상권 특성이 달라서 일부 도움을 받았지만, 최근 들어 등장하는 복합몰의 경우

는 상권에 있는 주요 업종들까지 흡수해 주변 상권을 모두 초
토화시킨다.

[자료 6-1] 명동 상권 장애요인

　[자료 6-1]은 서울의 명동 상권이다. 명동 상권의 외곽은 기
본적으로 상권이 확대되기에는 불리한 장애요인으로 둘러싸
여 있다. 일반적으로 상권의 장애요인으로 유동인구의 동선을
막으면 매우 유리한 상권에 해당된다. 유동인구가 상권에 갇
힌 형국이 되기 때문이다. 그러나 명동 상권은 사방으로 6차
선 이상의 도로가 진입하는 모든 공간을 막아버리고 있고, 젊
은이들이 방문하는 상권이 서울시 전역에 고르게 퍼져 있어
굳이 명동 상권에 올 필요가 없어졌다.

서두에도 강조했듯 명동 상권은 업무지역으로 변해야 하며, 주변에 업무와 연관된 호텔 산업이 발전해야 한다. 실제로 명동에는 외국의 관광객이 많이 방문하기 때문에 주변에 많은 호텔이 만들어져 있다. 과거에는 우리나라 유행을 선도하는 곳이 명동 상권이었지만, 지금은 전국이 동시에 유행이 번지는 시대에 살기 때문에 명동 상권의 쇠퇴는 이미 예견되어 있었다고 할 수 있다.

[자료 6-2] 부산시 서면 상권의 장애요인

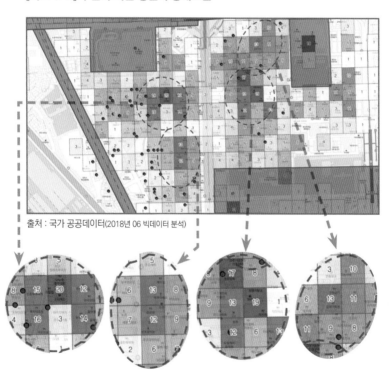

출처 : 국가 공공데이터(2018년 06 빅데이터 분석)

부산시 서면 상권 또한 동일하다. 서면 상권을 가로세로 30m 단위로 그리드를 만들어 그리드별 점포 수를 입력했다. 상권이 발달된 외곽을 기준으로 사방에 장애요인이 위치하고 있다. 그 때문에 해당 지역에서 상권이 더 확장되기 어렵다.

파란색이 진할수록 점포가 밀집되어 있고, 빨간색 원들이 해당 상권에서 점포가 가장 많이 밀집되어 있는 곳이다. 그리고 상권 진입로에서 멀어지면 멀어질수록 점포의 숫자가 더 적어지는 것을 알 수 있다(사각형 안의 숫자).

02 반드시 지나가는 장애요인

장애요인이라고 해도 반드시 지나갈 수밖에 없는 장애요인이 있다. 이런 경우에는 유동인구가 진입하는 방향에 영향이 있다.

평소에 주변이 어두워서 장애요인이라고 판단한 곳도 시간이 지나서 유동인구를 모아주는 역할을 하는 장애요인도 있다. 따라서 유동인구가 지나갈 수밖에 없는 장애요인의 특성을 잘 알면 남들이 소홀히 하는 곳이 좋은 투자처가 될 수 있다.

예를 들면 배후지가 주거지인데 오르막길에 상가가 있다면, 유동인구는 어떻게 주거지로 들어갈 것인가?

[자료 6-3] 반드시 통과하는 장애요인(신촌 상권)

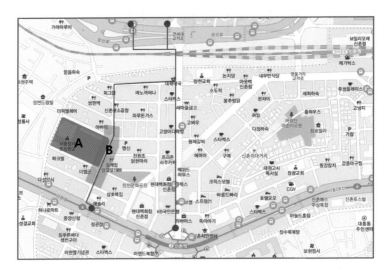

[자료 6-3]은 신촌 연세대학교 상권이다. 그림에서 보면 주된 동선이 연세대학교 정문에서 지하철까지와 정문 앞 버스전용차로제에서 신촌역 인근의 버스전용차로제까지다.

A공간은 창서초등학교다. 기본적으로 학교는 장애요인으로 인식된다. 현재의 상태에서 A공간을 장애요인으로 인식한다면, B공간에 유동인구는 지나가지 않을 것이다.

그러나 빨간색 선을 보면 유동인구는 반드시 지나갈 수밖에 없다.

많은 분석가들의 고민은 청소년 유해시설과 관련된 정화구역에 있다. 그러나 잘 고민해보면 큰 걱정이 없을 것이다. 흔히들 학교 주변에는 BAR 또는 호프 전문점이 입점할 수 없는 것으로 알고 있지만 BAR와 호프 전문점은 청소년 유해시설이 아니다. 대부분의 분석가들이 잘못 알고 있다.

다음은 같은 공간에서 창서초등학교가 장애요인이 되는 방향을 살펴보겠다.

[자료 6-4] 통과하지 못하는 장애요인(신촌 상권)

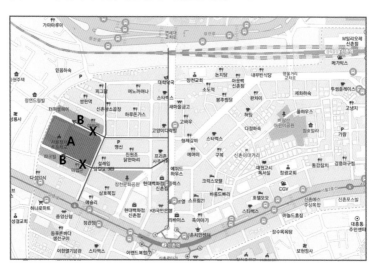

[자료 6-4]에서는 신촌 연세대 상권에서 두 개의 주된 동선을 기반으로 방향을 학교 방향으로 연결해보면 창서 초등학교는 장애요인에 해당된다. 신촌 상권의 특성은 젊은 층을 기반으로 만들어진 상권에 해당된다. 주요 동선을 연결하면 일

부러 학교를 지나갈 유동인구는 없다. 젊은 층 상권은 대중교통에서 멀어지면 싫어한다. [자료 6-4]에서 B공간은 유동인구가 지나가지 않는다. 이 방향을 지나가는 유동인구는 주거지로 이동하는 유동인구밖에 없다.

다음은 동일한 조건의 홍대 상권의 장애요인을 분석해보자.

장애요인인지, 지나가는 길인지를 판단하지 못하면, 아무리 좋은 곳을 가르쳐줘도 아무도 투자나 창업을 하지 못한다. 그만큼 장애요인을 아는 것이 중요하다.

[자료 6-5]는 홍대의 미술학원이 모여 있는 공간(B공간)에서 지하철로 이동하는 유동인구의 동선이다. A의 경우 서교초등학교다. 필자는 앞으로 이 공간에 상권이 발달하게 되고, 유

[자료 6-5] 반드시 지나가는 장애요인(홍대 상권)

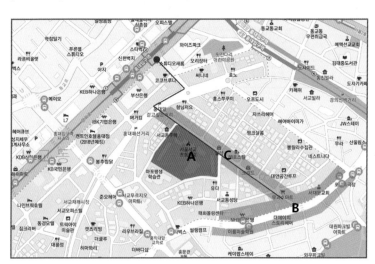

상가 형성 원리를 알면 부동산 투자가 보인다

동인구는 이런 골목길을 선택한다고 보았으나 대부분의 분석자는 학교가 장애요인이라고 회피했다. 물론 골목길 안은 대부분 오래된 다세대주택으로 형성되어 있었다.

그림을 자세히 보자. B공간에서 유동인구는 반드시 서교초등학교를 지나갈 수밖에 없다. 다른 길로 돌아가면 그만큼 시간이 더 오래 걸린다. 다리만 아플 뿐이다. 그리고 유동인구가 많아지면 다세대주택이 아니라 그보다 더한 것도 모두 점포로 바뀌게 된다.

다음 그림을 보면 더욱 쉽게 알 수 있다.

[자료 6-6] 동선을 기준으로 상권 확대(홍대 상권)

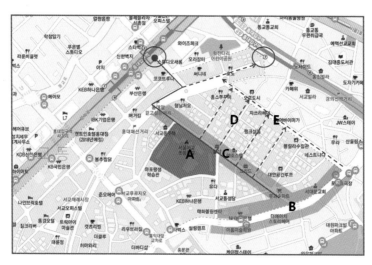

[자료 6-6]을 보면 C동선이 만들어지고 난 후 지하철 입구(빨간색 원) 방향으로 유동인구가 이동하게 된다. 이로 인해 만들어지는 골목길이 바로 D공간이다. D공간은 과거에 다세대주택(빌라형)이 모여 있는 자리였지만 유동인구가 늘어남에 따라 점포로 바뀌게 되었다. D공간의 각 골목길에서 유동인구가 나오게 되면서 E공간에도 점포가 입점하게 되었다.

E공간과의 연결은 지하철 출구와 자연스럽게 이어지기 때문에 가능한 공간이 되었다. 특히 B공간에서 지하철 방향으로 이동하는 동선과 E공간은 모두 내리막길이다. 그러니 반드시 지나가는 길이 된 것이다.

다음은 장애요인 중 주차건물이 있지만 지나가는 동선에 해당하는 경우다. 주요도심권의 경우 대부분 주차단속을 하고 있다. 도시의 규모가 클수록 주차문제가 주요 이슈다.

[자료 6-7]은 파주 금릉역이다. A공간은 공원이라 흔히들 장애요인이라고 생각하지만, 반드시 지나가야 하는 작은 공원은 장애요인에 해당되지 않는다. 따라서 A공간은 지나가는 길이다. D공간은 이 상권의 메인 스트리트이며 차 없는 거리에 해당한다. B공간과 C공간은 주차장이다. 대부분 장애요인으로 알고 있다. 그러나 빨간색 원이 있는 곳은 아파트 입구에 해당되는데, D공간과 동선을 연결하면 B공간의 경우는 장애요인이 아니라 지나가는 동선에 해당된다.

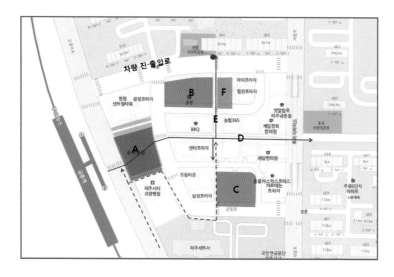

　F공간의 건물 중 1층 상가가 경매 시장에서 나왔는데 40%
대에 낙찰되었다. 모든 사람이 장애요인으로 판단했기 때문이
다. 이런 주차장은 장애요인에 해당하지 않는다. 지나가는 길
이다. 지금은 그 상가에 1층을 분리해서 한 공간은 카페로, 한
공간은 음식업이 입점해 잘 영업하고 있다.

　[자료 6-8]은 오르막길의 배후지가 주거지역이면서 길목에
상가 건물이 있는 경우다. 실제로 이런 곳은 경매 시장에서도
매우 낮은 가격에 낙찰되곤 한다. 그러나 이 길은 유동인구가
지나가는 길에 해당된다. 도로에서 주거지역으로 이동하는 동
선(빨간색 화살표)에서 상가 건물이 반드시 지나가는 길에 위

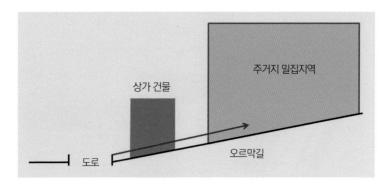

치하고 있다. 달리 돌아갈 길이 있는가?

이렇게 반드시 지나가야 하는 동선상에 점포가 있으면 점포로 이용 가능하다. 이런 공간에서 상가를 분양할 경우 상대적으로 다른 공간의 분양가보다 저렴하게 책정되어 있다. 경매 시장에서 실제 사례를 보면 쉽게 알 수 있다.

이화여대 정문에서 왼쪽이 오르막길에 해당된다. 오르막길의 끝에는 아파트 단지가 나온다. 이 경우 장애요인으로 볼 것인가? 아니면 지나가는 동선으로 볼 것인가?

실제로 이 동선상에 5층 상가가 경매 시장에 나온 적이 있다. 만약에 장애요인으로 판단한다면 투자 시 실패할 것이다. 다음 그림을 보고 독자들의 입장에서 장애요인인지, 지나가는 길인지를 판단해볼 수 있다.

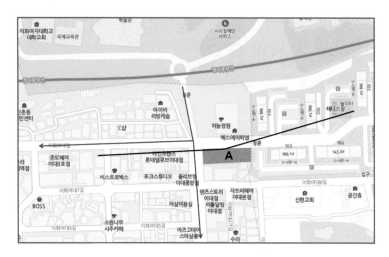

[자료 6-9]와 같이 검은색 선은 오르막길에 해당한다. 이대 상권은 전체적으로 경사진 곳에 형성되어 있다. 그러나 아파트 입구로 들어가는 공간은 조금 더 경사져 있다.

빨간색 선은 이화여대 학생들의 동선에 해당한다. A공간은 경사진 곳에 상가들이 존재하고 있다. 이 공간은 우선 아파트 지역으로 이동하는 유동인구의 동선에 해당된다. 따라서 이화여대 상권을 보고 분석하면 투자를 못하게 된다.

A공간은 주거지와 연관된 상권으로 보고 투자하면 쉽게 판단할 수 있다.

03 유동인구를 흡수하는 장애요인

　유동인구를 흡수하는 장애요인은 절대로 상권에 유동인구를 보내주지 않는다. 특정 건물의 경우는 빠른 시간에 그 공간에서 벗어나야 하는 건물도 있다.

　유동인구를 흡수하는 시설물은 주로 백화점, 대형 마트, 복합몰, KTX와 GTX 역사들이 있다. 이러한 시설들은 유동인구를 모아서 상권으로 보내주지 않는다. 유동인구를 상권으로 보내줄 경우 그 건축물 자체의 매출이 하락하게 된다. 따라서 절대로 빼앗기지 않으려고 할 것이다. 실제로 전국에 많은 곳에 유동인구를 흡수하는 시설로 인해 많은 곳의 상권이 무너지고 있다.

또한 기념관, 대형예술문화회관, 종합운동장 등과 같은 시설물 주변에는 상권이 잘 형성되지 않는다. 주된 이유는 한 번에 많은 고객을 시설물 안에 모아서 동시에 내보내는 역할을 하기 때문이다.

사람들은 동시에 밖으로 나오게 되면 빨리 그 공간에서 벗어나려는 심리가 더 강하다. 또한, 주로 저녁시간대에 이용이 많으며 끝나는 시간이 늦은 저녁이기 때문에 대중교통을 이용해 그 공간에서 빨리 벗어나게 된다.

04 유동인구를 모아 상권으로 보내는 장애요인

유동인구를 모아서 상권으로 보내주는 시설은 버스터미널, 기차역과 지하철역, 관공서, 중·고등학교 및 대학교다.

그러나 주의할 점이 있다. 버스터미널의 경우 차량이 다니는 입구와 보행자가 다니는 입구가 다르다. 차량이 빈번하게 다니는 공간은 장애요인에 해당한다. 따라서 보행자 기반으로 분석해야 한다. 기차역 인근의 상권은 대부분 고속철도로 인해 사라지게 될 것이다. 실제로 많은 곳의 상권이 사라진 것을 알 수 있다.

지하철역이 신설되는 곳은 앞으로 많은 투자자와 창업자들이 관심을 가져야 할 것이다. 지하철을 이용해 주거지로 이동하거나 버스로 환승할 경우 유동인구는 다른 공간보다 심리적으로 여유가 생긴다. 따라서 상권에서 발걸음도 느려지는 특성을 가지고 있다. 이런 공간에 상권이 많이 만들어진다.

학교시설 가운데 중·고등학교는 자신들만의 상권이 만들어진 곳으로 이동하게 된다. 중·고등학교가 설치된 지역은 대부분 지하철과 거리가 멀다. 따라서 상권으로 이동하는 것은 버스를 이용하게 된다. 버스를 이용해 지하철까지 와서 다시 상권으로 이동한다는 생각을 하지 않는 것이 좋다.

대학교의 경우 분석 시 주의해야 할 사항이 있다. 먼저 학교시설 내에 버스가 들어오는 경우에는 학교 주변에 상권이 발달하기 어렵다. 두 번째는 강의실이 몰려 있는 위치에 따라 가장 가까운 출입구를 이용한다. 세 번째는 누구나 알 수 있는 담이 막힌 곳은 피해야 한다. 네 번째는 정문 출입구가 넓고 도로폭이 넓으면 상권을 형성하기 어렵다. 그러나 배후에 상권을 형성시킬 조건이 없고 대중교통까지 거리상에 상업지를 형성시킬 수 있는 조건이 되면 상권이 형성될 수 있다.

상권에서 장애요인에 대해 정확히 아는 것이 매우 중요하다. 실제 장애요인 편에서 이렇게 많은 사례를 보여주는 것도 중요성이 크기 때문이다.

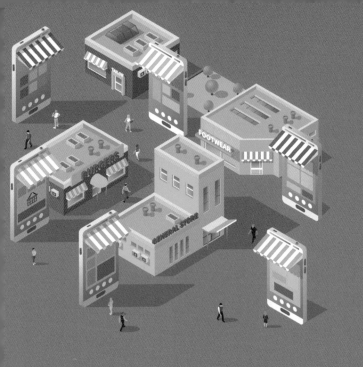

제 7 부

상가의
종류

상가는 건물 형태가 다양하고
특성이 제각각이다.
이러한 상가는 투자해야 할 상가와
투자하지 말아야 할 상가로 나눈다.
각각의 특성을 이해하면
투자 시기와 매각 시기를 알 수 있다.

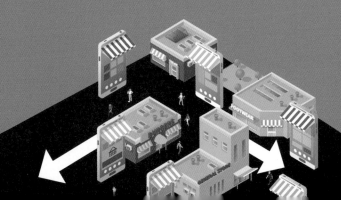

상가의 종류는 건축법에서 사용하는 용어와 실제 상권 현장에서 사용하는 용어를 복합적으로 사용했다. 기본적으로 점포가 입점할 수 있는 건축물은 근린상가로 칭한다.

상가의 종류를 구분해 투자해야 할 상가와 투자하지 말아야 할 상가를 나누었고, 어느 시기에 투자해야 하는지를 구분했다.

01 근린상가

근린상가는 집합건축물에 소유권을 구분해 분양하는 상가를 말한다. 준주거지역부터 상업지역 및 준공업지역에 건축되는 건축물로 구분해 등기하는 건축물이다. 신도시와 뉴타운 개발 시 가장 많이 보는 건축물로 '집합건물의소유및관리에 관한법률'에 근거한 상가다. 이 법 제1조의 건물의 구분소유에 대한 항목에 의해 1동의 건물 중 구조상 구분된 여러 개의 부분이 독립한 건물로써 사용될 수 있을 때는 그 각 부분은 이 법에서 정하는 바에 따라 각각 소유권의 목적으로 할 수 있다.

근린상가는 분산 투자를 잘 활용해야 할 건축물 중 하나다. 한 지역이나 한 상가에 여러 개를 투자하는 것은 위험한 투자에 해당된다. 따라서 다수의 상가에 투자를 희망할 경우 투자 공간과 상가를 달리 구분해 투자하는 것이 유리하다.

투자 시기는 초기 분양 시기와 상권이 형성된 시기에 투자하는 것이 많은데, 분양 시기의 투자는 신중한 분석이 먼저 되어야 한다.

또 하나 주의할 점은 건축물의 사용 용도에 관한 내용이다. 한 소유자가 $500m^2$ 이상을 소유했을 경우 건축물 사용 용도와 관련한 문제가 발생한다. 예를 들면 한 소유자의 건축물 면적이 $500m^2$ 이상인데, 한 임차인이 $500m^2$ 이상의 임대차 계약을 하게 되면 업종별로 용도변경이라는 절차를 밟아야 한다.

용도변경 시에는 전체 건물 소유자의 80% 이상과 80% 이상의 건물 소유자들의 면적이 전체 면적의 80% 이상이 되어야 하며, 장애인 편의시설 유무와 소방시설과 계단 2개소 등과 같은 용도변경 요건을 갖추어야 임차인이 입점할 수 있다.

최근의 건축물은 이러한 조건을 갖추고 있다. 하지만 대부분은 건물 소유자의 80% 이상의 동의와 80% 이상의 건물 소유자의 전체 면적이 80% 이상이 되는 조건을 맞추어야 하는데, 한 지역에 소유자가 모여 있으면 쉽게 변경할 수 있지만, 소유자가 전국적으로 분산되어 있으면 용도변경 시 많은 어려움이 있다. 그리고 상가관리 규약상 동종업종 금지 부분이 있으면 동종업종이 입점하지 못하고 분쟁에 휘말리게 되는 상황에 종종 처하게 된다.

02 근린시설

근린시설은 일명 '통 건물'이라고 부르기도 하고 최근에 '꼬마빌딩'이라는 용어를 사용하는 건축물이다. 하나의 등기로 이루어지며 소유권은 토지 소유권과 건물 소유권으로 구분하고 있다. 그리고 지분 투자로 여러 투자자가 공유하고 있기도 하다. 근린시설 투자 시 하나의 건축물에 단일 업종을 넣는 것은 매우 위험한 투자일 수 있다.

예를 들면, 건축물 전체를 한 임차인이 사용하고자 하는 경우인데, 주로 학원, 병원, 특정 회사 등이 전체를 사용하게 될 경우 건축법 시행령에 따라 $500m^2$ 또는 $1,000m^2$를 넘어서면 용도변경에 문제가 발생한다.

건축물 전체를 하나의 임차인이 이용하다가 임차인이 임대계약을 종료할 경우 새롭게 업종을 채워야 하게 되는 상황이 생기는 것이다. 업종을 하나하나 채우게 될 경우 시설의 구조부터 새롭게 구성해야 하며, 각 점포의 용도를 다시 변경해야 한다. 이때 임차인의 입점 순서문제가 발생하면서 금융비용이나 세금 문제로 경매에 넘어가는 경우를 많이 볼 수 있다.

근린시설에서의 분산 투자는 한 건축물에 하나의 임차인에게 임대하는 것이 아니라 다양한 임차인에게 임대하는 것이다. 한두 개의 임차인이 점포를 비우게 되어도 충분히 다른 임차인에게서 임대료가 입금되기 때문에 시간적 여유를 가질 수 있다.

근린시설은 은퇴하는 장년층이 가장 많이 선호하는 건축물로, 대부분 5층 정도 건축물에 5층에 건물주가 거주하고 나머지 부분을 임차하거나 건축물 모두를 상업용으로 사용하기도 한다. 각 지역 조례에 따라 차이는 있지만, 일반적으로 60% 이상을 상업용으로 사용해야 한다.

03 근린주택

근린주택은 일명 상가주택, 또는 점포주택이라는 명칭으로 현장에서 사용되고 있다. 주로 일반주거지역에 건축되는 건축물로 1층에는 점포가 있고, 2층과 3층은 주거용으로 사용하는 건축물이다. 일반적으로 60% 이상은 주거용으로 활용해야 한다.

최근에 뉴타운이나 신도시의 일반주거지역에 근린주택을 많이 공급하는데 경쟁률이 300~500대 1의 경쟁률을 보이고 있다.

그런데 근린주택에 투자할 때 매우 주의해야 할 점이 있다. 이런 지역에서 투자할 경우 일단 점포 부분은 포기하는 것이

상가 형성 원리를 알면 부동산 투자가 보인다

마음 편할 것이다. 근린주택의 인기에 따라 설계 시 많은 공간에 근린주택지를 공급하는데, 우리나라의 근린주택지에 수백 개씩 점포가 들어가 있는 상권은 없다. 특히 상업지와 준주거 지역의 상가까지 포함한다면 1층의 점포가 수천만 개 이상 되는 곳이 너무 많다. 차라리 돈을 조금 더 투입하더라도 기존에 형성된 곳에 투자하는 것이 더 유리하다. 혹시라도 입찰에서 떨어진 분들은 오히려 마음이 편할 수 있다.

근린주택의 투자는 주거지와 인접한 경우 도보로 걸어오지만, 거리가 멀어질 경우 대부분 차량 이용자가 많으므로 차량의 동선을 고려한 분석을 해야 하고, 근린주택 외곽보다 안쪽에 있을 경우 차량 주차가 원활한 곳에 투자하는 것이 유리하다. 특히 입구 전면에 화단이 가로막고 있는 경우는 오히려 점포 활성화에 방해가 된다. 유동인구는 화단을 가로질러 오지 않는다.

04 종합쇼핑몰

결론적으로 종합쇼핑몰에는 투자하지 마라. 개발 초기부터 우리나라 상권에 종합쇼핑몰이 잘되는 상권이 없었다. 종합쇼핑몰은 과거 동대문과 남대문에 만들어진 건축물로 외국의 바이어들이 국내 상품을 대량 구매하기 위해 방문했기 때문에 상대적으로 국내 고객에게 소홀할 수밖에 없었던 시절의 건축물이다. 그러나 이제는 이곳에 방문하는 바이어가 중국이나 동남아시아로 모두 이동했다.

이미 동대문, 남대문에서도 영업이 어려운 건축물이 주요 도시의 상권에 한두 개씩 포함되어 있다. 우리나라에는 이러한 쇼핑몰을 받아줄 상권이 존재하지 않는다.

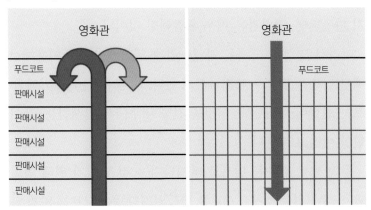

[자료 7-1] 분수 효과

영화관

푸드코트
판매시설
판매시설
판매시설
판매시설
판매시설

[자료 7-2] 푸쉬 현상

영화관

푸드코트

먼저 종합쇼핑몰 분양 시 가장 많이 들을 수 있는 이야기는 분수 효과다. 이 분수 효과는 1970년대 백화점에 3층 이상의 시설에 업종을 입점시키기 위해 마케팅 전략적으로 만든 용어다. 분수 효과는 백화점을 방문한 고객이 엘리베이터나 에스컬레이터를 이용해 백화점 상층부의 식당가와 문화센터를 방문해 내려오면서 쇼핑을 한다는 전략 하에 만들어졌다.

종합쇼핑몰의 경우 유동인구가 일시적으로 영화 상영시간을 위해 푸드코트에서 대기한 후 바로 영화관으로 이동한다. 문제는 이때 발생하는데 영화관은 대부분 2~3개 층을 활용해 상영관이 구성되어 있다. 그 때문에 한 영화관에는 10개 이상의 상영관을 갖추고 있으며, 한 상영관에는 최소 500석 규모를 확보하고 있다. 동시간대에 최대 5,000명 이상이 건축물 안에 있다고 가정할 수 있다. 이때 동 시간대에 유동인구가 쏟아져 나온다면, 영화관은 매우 혼잡해질 것이다.

따라서 영화관 고객은 자연스럽게 엘리베이터를 이용해서 해당 건축물 밖으로 빠져나가게 된다. 즉 많은 인구로 인해 누르는 현상이 나타난다. 이것을 건물 내부에서 발생하는 '푸쉬 현상'이라고 부른다.

두 번째로 건축물 밖으로 빠져나가는 것을 막기 위해 영화관 아래나 위층에 푸드코트를 만들었지만 푸드코트는 일찍 영화관에 도착한 고객이 영화를 보기 전에 이용하며, 영화를 본 이후에는 이용 가능성이 매우 떨어진다.

세 번째는 건축물 안에 판매시설이 수십 개 이상, 많게는 100개 이상 입점되어 있다. 소상공인 연합회의 연구에 따르면 한 시간에 하나의 점포에 한 명의 유동인구가 구매를 하려면 최소한 3~5명 정도 방문이 되었을 때 가능하다고 한다.

그렇다면 도대체 얼마나 많은 유동인구가 방문해야 영업이 가능할 것인가?

우리나라의 젊은 층의 쇼핑문화는 SNS를 기반으로 발전하고 있다. 다시 말하지만, 우리나라 상권에는 이 건축물을 받아들일 수 있는 상권은 존재하지 않는다.

05 주상복합상가

주상복합상가는 법률적으로 상업지역과 준주거지역에 건축할 수 있고, 2003년부터 전체 면적의 30% 범위를 상업용으로 사용해야 한다. 그 때문에 3개층 정도 규모가 상업용으로 이용된다. 이때 바닥 면적이 넓어 점포의 수가 많아지게 된다.

주상복합 상가가 잘되는 지역은 주로 주변에 상가 건축물이 많지 않은 경우에 잘되지만, 주변에 상가 건축물이 많은 경우에는 영업에 어려움이 많다. 따라서 공실이 많아지고 투자 실패로 이어진다.

소상공인 진흥공단의 연구 자료에 의하면 500세대 규모의 주거환경에서 점포는 30~50개 정도가 적정수준이라고 하는

데, 주상복합이 500세대 규모라면 상당히 큰 규모에 해당한다. 따라서 건축물이 고층화되면서 바닥 면적이 자연스럽게 넓어지게 된다. 상가의 경우 최소한 100개 이상의 점포 규모가 되기 때문에 상가 활성화가 어려워진다.

많은 투자자들이 위층에 주거공간이 있기 때문에 아래층 점포가 영업이 잘될 것으로 기대하는데 오히려 반대다. 상가 전체적으로 영업이 되는 것은 1층 일부분만 영업이 되고, 나머지는 대부분 공실이 된다. 또한 초기 분양가가 높아 임차인은 대부분 영업을 포기하는 경우가 많다.

06 오피스 건물 상가

오피스 건물 상가 또한 잘되는 곳보다 안 되는 곳이 대부분이다. 특히 오피스 건물이 대형일 경우 이런 현상은 더 많이 나타난다.

대형 오피스 건물일 경우 대부분 케이터링 회사가 지하에 입점해 점심을 뷔페식으로 직원들에게 제공하고 있다. 그리고 직원들이 시설을 들락날락할 경우 신분증을 사용해야 하는데 모든 기록이 회사 전산실에 기록이 남아 있어 연봉 협상 시 불리하다. 그리고 이러한 건축물은 음식물 반입을 금지하는 경우가 많다.

오피스 건물의 상가 투자 분석은 출발지와 도착지를 기준으로 선을 그어보면 투자 공간을 쉽게 알 수 있다. 출발지는 건축물의 중심으로서 1층의 엘리베이터를 기준 삼으면 되며, 도착지는 대부분 대중교통과 연관되어 있다.

건축물이 대형화될수록 건축물 내부에서도 퇴근길 동선이 만들어진다. 퇴근길 동선을 그려보고 건축물이 모여 있는 형태에 따라 선을 그려보면 유동인구가 이동하는 길이 보일 것이다.

기억할 것은 점과 점을 연결하면 동선이 나오고, 그 동선이 가장 반복되는 곳이 점포가 번성하는 곳이다. 이것이 바로 상권 형성의 가장 기본되는 원리다.

[자료 7-3] 한 필지의 건축물

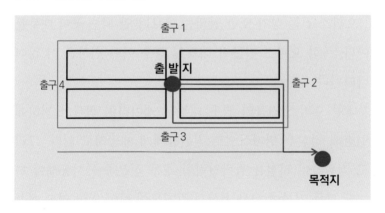

[자료 7-3]은 한 필지의 오피스 건물로 건축물 내부 출발지에서 퇴근길을 이용하는 건축물 복도와 인도로 이동하는 동

선을 볼 수 있다. 출구 2와 출구 3이 가장 많은 직장인이 이용하는 동선이 될 것이다.

다음은 업무지역 단위의 동선을 그려보았다.

[자료 7-4] 업무지역 단위의 동선

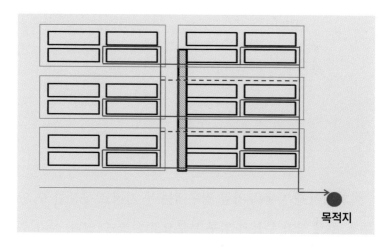

목적지

[자료 7-4]의 경우 각 출발지를 건축물의 중심 또는 엘리베이터를 기준으로 목적지까지 이동하는 동선을 그려보았다. 가장 많이 이용하는 동선이 빨간색 실선이며, 빨간색 점선은 신호등에 의한 선택 부분에 해당한다. 그리고 검은색 면 또한 유동인구의 선택에 의한 동선이 된다. 목적지 오른쪽에서 나오는 동선도 동일하게 그려보면 쉽게 주된 동선을 찾을 수 있다. 기억할 것은 점과 점을 연결하고 가장 반복된 것이 주된 동선이다.

07 아파트형 공장 상가

아파트형 공장에 투자할 경우에는 두 가지로 구분할 수 있는데, 주로 상가 부분과 업무 부분으로 나눌 수 있다. 상가 부분은 투자하기 매우 좋은 투자처다. 우리나라의 공업지역은 전용공업지역과 일반공업지역, 준공업지역으로 구분한다. 그중 도심권에 개발되는 아파트형 공장은 준공업지역에 해당된다.

아파트형 공장 부지는 상대적으로 저렴한 토지 분양가로 상가 분양가격이 상업지 분양가격보다 저렴하다.

그러나 임대가격은 일반 상가 임대가격과 비슷해 상대적으로 높은 수익률을 보인다. 그러나 주의할 점은 이러한 공간에도 동선에 의한 투자가 이루어져야 한다는 것을 명심해야 한다.

아파트형 공장 상가의 경우도 [자료 7-3], [자료 7-4]와 동일한 분석법으로 분석하면 된다.

업무 부분을 분석할 경우 네 가지 사항을 고려해야 한다.

첫 번째는 창업할 수 있는 인구가 인근에 존재하는지를 살펴봐야 한다. 예를 들면 서울 성동구 성수동의 경우 성수동 지역을 기준으로 반경 3km 이내에 강남, 잠실, 강동지역이 포함되어 있다. 이때의 최대 장점은 출근길과 퇴근길을 반대로 이용하게 된다. 즉, 남들이 출근하는 길의 반대 방향으로 출근하고 반대 방향으로 퇴근하기 때문에 교통 혼잡을 피할 수 있다.

두 번째는 노동자 공급이 원활한 지역을 찾아야 한다. 노동자의 경우 반경을 최대 5km 기준으로 더 확대할 수 있다. 광진구, 동대문구, 중랑구 등이 포함되어 있다. 노동인구가 풍부하다. 게다가 한양대학교와 건국대학교 등 고급 지식을 가진 벤처기업 창업이 가능한 곳에 해당한다.

세 번째는 대중교통과 인접한 곳을 선택해야 한다. 노동자들이 우선 선택하는 곳이 대중교통과의 인접성이다. 지하철이나 버스를 이용할 경우 최대한 가까운 곳을 선호한다. [자료 7-5]의 성수동은 성수역을 기준으로 양옆 최대 10분 이내의 거리에 위치한다.

[자료 7-5] 성수역

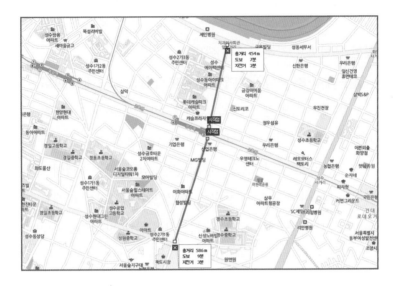

　　마지막으로 물류 이동이 가능한 주요 도로망과 인접한 것이 유리하다. 아파트형 공장에서 생산품을 생산하는 경우에는 물류 유통이 중요하기 때문에 가까운 곳에 자동차전용도로나 고속도로가 인접한 곳이 투자에 유리하다.

08 아파트 단지 상가

아파트 단지 상가는 두 가지 형태로 구분할 수 있다. 우선 단지 상가 주변에 상업지역이 없는 경우와 있는 경우로 구분한다.

단지 내 상가만 존재할 경우 [자료 7-6]과 같이 대중교통 수단을 기준으로 동선을 만들어보면 A구역과 B구역으로 구분되고, B구역이 A구역의 상가보다 유동인구가 더 많이 다니는 것을 알 수 있다. 퇴근길이나 하굣길 방향을 기준으로 동선을 그려볼 수 있다. 그러나 주변에 상업지역이 존재할 경우 동선이 많이 달라진다. [자료 7-7]과 같이 동선이 다양화되는 것을 알 수 있다.

그러나 이때는 A구역과 B구역 모두 유동인구가 줄어들게 되어 영업에 어려움이 나타나게 된다. 상업지역이 인접해 있을 경우 단지 내 상가는 흘러가는 길로 바뀌게 되는 것을 알 수 있다.

[자료 7-6] 아파트 단지 상가

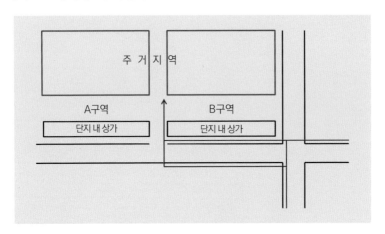

[자료 7-7] 아파트 단지 상가와 상업지역

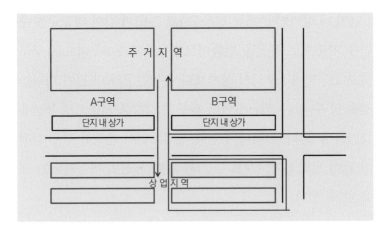

제 8 부

업종 특성에 따른 공간분석

업종은 각각 세부적인 특성이 있다.
이에 따라 같은 상권에 있어도
그 특성을 달리한다.
업종의 특성을 이해하면 동일한 업종도
공간에 따라 점포의 크기가 달라진다.

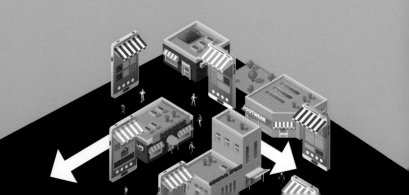

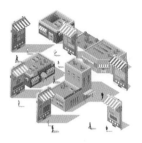

　업종 특성을 분류하는 원인은 유동인구의 상권 이용과 관련해서 각 점포에 방문하는 목적의 유무를 통해 점포의 면적, 위치, 건물의 점유 층수를 이해하기 위해 분류한다.

　동일한 특성을 가진 업종이라도 공간적 배치 및 구매시간, 점포의 공간 점유 시간에 따라 구매형태가 달라진다. 따라서 분석자는 업종의 특성과 그 업종이 있는 공간 위치에 따라 소비자의 구매형태를 유추할 수 있어야 한다.

　업종의 특성을 구분하는 방식은 업종이용 형태에 따른 분류와 구매형태에 따른 구분으로 나눌 수 있다. 각각의 특성을 이해하면 상권에서 각 업종의 공간분포(상권의 MD)를 알 수 있고, 상가 건물의 층과 공간별로 공간분포(상가 MD)를 알 수 있다.

01 중소기업부의 업종 구분

상가에는 중소기업부에서 구분한 업종이 입점할 수 있다. 각 업종군과 업종들을 분류하면 [자료 8-1]과 같다. 업종군의 구분은 관광/여가/오락, 부동산, 생활서비스, 소매, 숙박, 스포츠, 음식업, 의료, 학문/교육 등 아홉 개로 분류했다.

각 상권에는 특성에 따라 기준이 될 수 있는 업종이 있다. 기준이 되는 업종을 바탕으로 먹자골목, 학원가, 패션거리 등의 명칭을 사용하게 된다.

2018년 6월 서울시를 기준으로 업종별 비율을 보면 다음 표와 같다. 가장 창업이 많은 업종은 역시 음식업(33.25%)이며, 소매(30.69%), 생활서비스(15.97%), 학문/교육(7.97%), 의료

[자료 8-1] 서울시 업종별 특성

업종군	주요 업종 내용	업종 수	비율
서울시 전체업종	업종 전체	330,089	100%
관광/여가/오락	PC/오락/당구/볼링 등, 경마/경륜/성인오락, 놀이/여가/취미, 무도/유흥/가무, 스포츠/운동, 연극/영화/극장, 요가/단전/마사지 등	9,165	2.78%
부동산	부동산관련서비스, 부동산중개, 분양, 평가/개발/관리	12,905	3.91%
생활서비스	개인/가정용품 수리, 광고/인쇄, 기타서비스업, 목욕탕/휴게, 대행업, 물품기기 대여, 법무/세무/회계, 사진, 세탁/가사서비스, 예식/의례/관혼상제, 운송/배달/택배, 이/미용/건강, 인력/고용/용역알선, 자동차/이륜차, 장례/묘지, 주유소/충전소, 주택수리, 행사/이벤트	52,728	15.97%
소매	가구 소매, 가구/신발/액세서리, 가전제품 소매, 가정/주방/인테리어, 건강/미용식품, 기타판매업, 사무/문구/컴퓨터, 사진/광학/정밀기기 소매, 선물/팬시/기념품, 시계/귀금속 소매, 애견/애완/동물, 예술품/골동품/수석/분재, 외 일반적인 판매업	101,297	30.69%
숙박	모텔/여관/여인숙, 민박/하숙, 유스호스텔, 캠프/별장/펜션, 호텔/콘도	2,744	0.83%
스포츠	실내운동시설, 실외운동시설, 운동관리시설	46	0.01%
음식업	기타음식점, 닭/오리요리, 별식/퓨전요리, 뷔페, 분식, 양식, 유흥주점, 음식배달서비스, 일식/수산물, 제과제빵 떡 케이크, 중식, 커피점/카페, 패스트푸드, 한식	109,766	33.25%
의료	병원, 수의업, 약국/한약방, 유사의료업, 의료 관련 서비스업	15,144	4.59%
학문/교육	도서관/독서실, 유아교육, 학문교육 기타, 학원 기타, 학원-보습교습 입시, 학원-어학, 학원-예능취미체육, 학원-음악미술무용, 학원-자격/국가고시, 학원-창업취업취미, 학원-컴퓨터	26,294	7.97%

출처 : 국가공공데이터(2018년 6월 기준)

(4.59%), 부동산(3.91%), 관광/여가/오락(2.78%), 숙박(0.83%),

스포츠(0.01%)로 나타났다.

　업종 중에 가장 창업을 많이 하는 음식업은 한식, 중식, 일
식, 양식, 분식이 가장 많은 비중을 차지하고 있다.

[자료 8-2] 서울시 업종별 비율

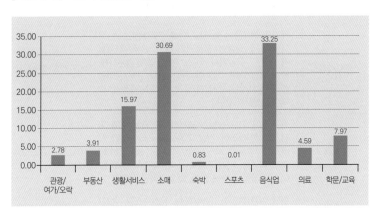

　[자료 8-2]는 서울시 9개의 업종군을 시각화한 것이다. 정
보는 구별 세대 수와 국가 공공데이터를 활용했다.

　서울시는 25개의 구가 있으며 구별로 세대 수와 거주인구에
대한 정보를 제공하고 있다. [자료 8-3]에 표로 정리했고, [자
료 8-4], [자료 8-5]에 시각화했다.

구별	점포 수	세대 수	점포 당 세대 수
서울시	51,682	4,241,547	90.39
강남구	5,159	229,160	44.42
성동구	1,566	135,666	86.63
강서구	2,073	256,560	123.76
서대문구	1,746	137,725	78.88
광진구	1,912	161,294	84.36
금천구	1,348	106,307	78.86
노원구	1,576	217,662	138.11
동작구	1,136	174,427	153.54
영등포구	2,756	169,264	61.42
강북구	1,492	143,187	95.97
서초구	2,877	174,268	60.57
양천구	1,247	176,234	141.33
용산구	2,037	108,516	53.27
동대문구	1,800	160,757	89.31
은평구	1,757	203,547	115.85
구로구	1,849	171,882	92.96
종로구	2,659	73,655	27.7
중랑구	1,553	179,690	115.71
중구	2,206	61,091	27.69
관악구	1,901	259,681	136.6
송파구	2,987	268,325	89.83
마포구	2,902	170,788	58.85
성북구	2,021	186,696	92.38
도봉구	1,118	137,560	123.04
강동구	2,004	177,605	88.63

출처 : 국가공공데이터(2018년 6월 기준)

[자료 8-4] 서울시 구별 점포당 세대 수 현황

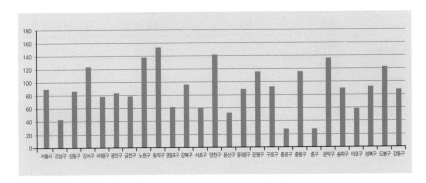

[자료 8-4]는 점포당 세대 수를 GIS 프로그램을 활용해서
한 점포당 세대 수를 구별로 시각화했다. 점포당 세대 수가 가
장 많은 지역은 동작구로 한 점포당 세대 수가 153.54개다. 뒤
이어 양천구, 노원구, 관악구가 다른 지역에 비해 점포 경쟁이
낮은 편에 속한다. 반면에 점포 경쟁이 가장 강한 지역은 중구,
종로구, 강남구순으로 분포되어 있다.

서울시 구별 한 점포당 최소 세대 수는 중구(27.69세대)이며,
최대 세대 수는 동작구(153.54세대)이고, 서울시 전체는 한 점
포당 평균 세대 수가 90.39세대다. 이러한 방법은 구별, 동별,
상권 공간별, 뉴타운이나 신도시별로 구분해 분석할 수 있다.

다음은 부산시를 분석해보겠다. 부산시는 16개의 구로 구성
되어 있으며, 구별 세대 수와 점포 수는 [자료 8-6]에 표로 정
리했고, [자료 8-7], [자료 8-8]로 시각화했다.

상가 형성 원리를 알면 부동산 투자가 보인다

[자료 8-5] 서울시 구별 점포당 세대 수 분포

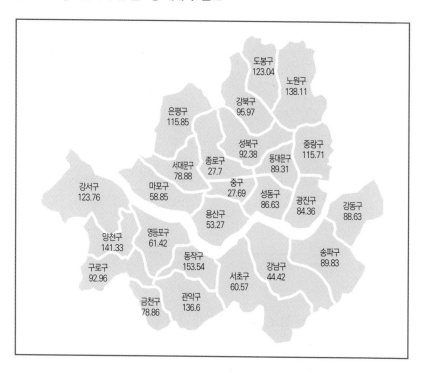

[자료 8-6] 부산시 구별 점포 당 세대 수

구별	점포 수	세대 수	점포 당 세대 수
부산시	36,154	1,473,448	56.34
중구	1,152	23,089	20.04
서구	816	52,500	64.34
동구	841	43,326	51.52
영도구	852	55,534	65.18
부산진구	3,217	166,084	51.63

동래구	1,898	109,040	57.45
남구	1,422	115,729	81.38
북구	1,698	120,175	70.77
해운대구	2,574	165,966	64.48
사하구	2,174	138,354	63.64
금정구	1,801	105,690	58.68
강서구	1,247	48,718	39.07
연제구	1,742	86,046	49.39
수영구	1,376	79,756	57.96
사상구	1,734	96,676	55.75
기장군	1,610	66,765	41.47

출처 : 국가공공데이터(2018년 6월 기준)

부산시에서 점포당 세대 수가 가장 많은 지역은 남구로 한 점
포당 세대 수가 81.38개다. 뒤이어 북구, 영도구, 서구가 다른 지
역에 비해 점포 경쟁이 낮은 편이다. 반면에 점포 경쟁이 가장
강한 지역은 중구, 강서구, 기장군으로 분포되어 있다.

부산시의 구별 점포당 최소 세대 수는 중구(20.04세대)이며,
최대 세대 수는 남구(81.38세대)다. 부산시 전체로는 한 점포
당 평균 세대 수가 56.34세대다. 이러한 방법은 부산도 역시
구별, 동별, 상권 공간별, 뉴타운이나 신도시별로 구분해 분석
할 수 있다.

마지막으로 전남 광주광역시를 분석했다. 광주광역시는 모

[자료 8-7] 부산시 구별 점포당 세대 수 현황

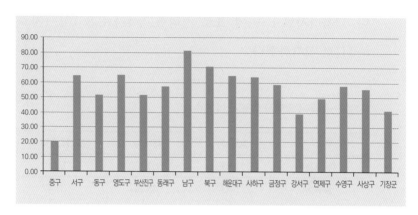

[자료 8-8] 부산시 구별 점포당 세대 수 분포

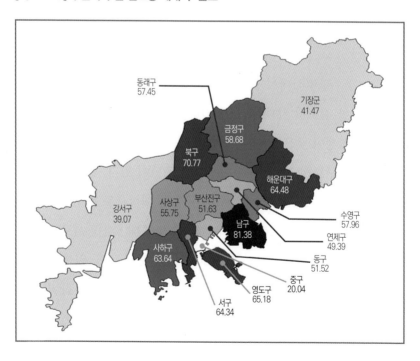

두 다섯 개(동구, 서구, 남구, 북구, 광산구)의 구로 구분되어 있다. 다음 [자료 8-9]에 표로 정리했고, [자료 8-10], [자료 8-11]로 시각화했다.

[자료 8-9] 광주광역시 점포당 세대 수

구별	점포 수	세대 수	점포 당 세대 수
광주시	11,898	569,150	50.11
동구	1,437	45,157	31.42
서구	2,844	125,286	44.05
남구	1,216	88,782	73.01
북구	3,461	182,166	52.63
광산구	2,940	154,759	52.64

출처 : 국가공공데이터(2018년 6월 기준)

광주광역시에서 점포당 세대 수가 가장 많은 지역은 남구로서 한 점포당 세대 수가 73.01개이며, 다른 지역에 비해 점포의 경쟁이 낮은 편이다. 반면에 가장 점포의 경쟁이 강한 지역은 동구로서 31.42개의 점포가 분포되어 있다. 광주광역시 평균으로는 한 점포당 50.11 세대 수를 대상으로 영업 중이다.

지면상 모든 도시를 모두 수록하지 못해 3개 도시로 한정해 분석했지만, 전국의 시도별로 구분해 분석할 수 있으며 업종별로도 분석이 가능하다. 예를 들면 학원의 경우 공간 범위를 정해 학원 정보만 추출해 지역의 주거 인구 중 학생 인구를 대

[자료 8-10] 광주광역시 구별 점포당 세대 수 현황

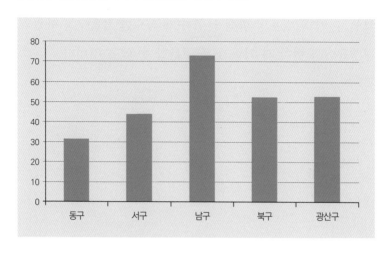

[자료 8-11] 광주광역시 구별 점포당 세대 수 분포

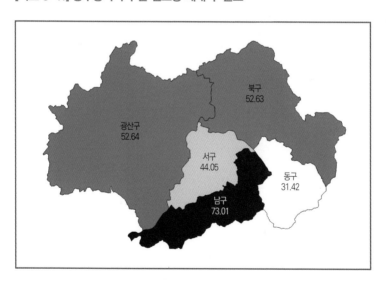

상으로 분석하면, 한 학원당 몇 명의 학생 인구가 있는지를 분석할 수 있다. 점포당 학생 인구 수가 적으면 적을수록 학원의 경쟁률이 심한 곳과 약한 곳을 구분할 수 있을 것이다.

02 업종이용 형태에 따른 분류

1. 판매업

판매(販賣)의 사전적 의미는 상품 따위를 팔아서 상품의 소유권을 이전하는 것을 말한다. 판매를 사업화한 것을 판매업, 판매를 주도하는 업자를 판매자, 판매업자, 판매업체라고 한다.

판매업은 주로 5~10분 이내에 구매행위가 이루어지는 것을 말하는데, 유동인구가 점포에 들어가 앉거나 기타 서비스를 받는 것이 아니다. 짧은 시간 내에 상품을 구매하고, 구매한 상품은 점포가 아닌 외부에서 이용하는 업태를 일컫는다.

화장품을 구매했다면 소비자는 그 화장품을 자신의 생활과 관련된 공간에서 사용할 것이다. 즉, 구매한 점포 안에서 사용하지 않을 것이다. 편의점에서 맥주를 구매했다면 다른 공간에서 그 맥주를 소비하게 된다. 즉, 사용을 다른 공간에서 하게 된다.

판매업은 1층에 주로 입점해 있으며, 상권의 특성이나 입지에 따라 점포의 크기가 다양하다. 15평 미만의 소형 공간에서도 판매업이 가능하다.

판매업의 종류로는 액세서리 전문점, 신발가게, 구둣방, 저가 의류, 커피전문점(Take Out), 자동차 대리점, 일반 노점상 업종 등이다. 주로 점포에 머무는 시간이 극히 짧을 것을 알 수 있다.

2. 서비스업

일반적으로 용역이라고도 하며, 물질적 재화를 생산하는 활동 이외에 광범위하게 기능하는 활동을 포괄하는 개념이다. 여기에는 상업·금융업·보험업·운수업·공무업·가사노동 등 주로 서비스를 제공하는 모든 업종이 포함된다. 이에 포함되는 활동은 대체로 다음과 같은 특징이 있다.

첫째, 다른 활동이 생산물을 통해 우회적·간접적으로 인간의 욕망을 충족시켜 주는 데 대해, 서비스 활동은 인간의 욕망을 직접적으로 충족시켜준다.

둘째, 다른 활동은 그 생산과 소비가 시간적·공간적으로 분리되어 이루어질 수 있는 데 비해 서비스 활동은 시간적으로는 생산과 동시에, 공간적으로는 생산된 곳에서 소비한다.

셋째, 다른 활동이 물질적 재화의 생산물을 통해 인간 활동력의 재생산에 직접 기여하고 있는 경우가 많지만, 서비스 활동은 인간 활동력의 재생산에 직접 기여하지 않는 경우가 있다.

넷째, 다른 활동이 활동대상과 생산수단을 필요로 하는 데 비해, 서비스 활동은 반드시 생산수단을 필요로 하지 않는 경우가 있다.

일반적으로는 물질적인 것이 아닌, 무형의 노무를 제공하는 모든 업종을 서비스업종이라고 말한다.

따라서, 사회가 발달할수록 직접적으로 소비자의 욕구를 충족시키는 서비스부문이 성장하는 경향이 나타난다.

클라크(Clark,C.)는 전체산업을 세 개 부문으로 분류하고, 서비스업을 제3차 산업이라고 했다. 그의 산업분류에 따르면, 제1차 산업에는 농업·목축업·수산업·임업·수렵업 등이 포함되고, 제2차 산업에는 제조업·건설업·가스·전기공급업·광업 등이 포함된다. 그리고 서비스업인 제3차 산업에는 상업·금융업·보험업·운수업·통신업·관광업·광고업·공무·가사노동 등과 기타 비물질적 생산을 담당하는 모든 업무가 포함되어 있다.

서비스업 부문은 바인트로브(Weintroub,D.)와 마그도프 (Magdoff,H.)에 의해 다시 다섯 개 부문으로 세분화되었는데, 그 내용을 살펴보면 다음과 같다.

첫째는 이미 생산된 재화를 취급하는 산업인 운수·통신업· 도매업·소매업 등이다. 둘째는 금융·재산을 취급하는 산업인 금융업·보험업·부동산업 등이다. 셋째는 전적으로 개인적 서 비스만을 제공하는 산업인 사무 활동·자유업·대인서비스업 등이 있다. 넷째는 공무업이 있으며, 다섯째는 제1·2차 산업 에서 관리·사무를 담당하는 업무 등이다.

그리고 서비스업은 그 생산의 성격에 따라 물적 생산의 생 산과정과 밀접한 관련이 있는 종속적·보조적 생산(예 : 운송 업·보관업·도매업·소매업 등)과 직접 소비자의 욕구를 충족시켜 주는 생산(예 : 이발사·교사·댄서 등)으로 나누어진다. 이 밖에 도 그 형태에 따라 산업 서비스·개인 서비스·사회문화 및 교 육 서비스로 분류할 수 있으며, 또한 추구하는 목적 및 성격에 따라 영리형 서비스와 비영리형 서비스로도 분류할 수 있다.

현재 우리나라의 국민소득계정에서는 서비스업 부문을 사 회간접자본 및 기타 서비스라고 하며, 이에 운수·창고 및 통 신업, 도·소매업 및 음식·숙박업, 금융·보험·부동산 및 용역 업, 사회 및 개인 서비스업, 정부 및 민간비영리 서비스 부문을 포함한다.

상가 점포에서 고객에게 판매하는 서비스업은 주로 점포를 점유하는 시간이 길며, 구매 후 그 점포를 이용해 구매한 상품을 그 공간에서 소비하는 것을 말한다.

노래방의 경우 소비자가 일정 시간을 노래방 기기와 공간을 임대해 서비스를 즐기는 것이며, 병원이나 교육시설의 경우도 금액을 지불하고 그 공간을 이용한다. 요식업의 경우 특정 상품을 구매해 그 공간에서 소비하는 것과 같은 행위를 점포성 서비스업이라 한다.

구매형태에 따른 분류

1. 충동구매

사전계획 없이 순간적 충동으로 구매를 결정하는 행위를 충동구매라고 하며 그러한 업을 주로 하는 업종을 충동구매형 업종이라 한다. 이는 미리 계획을 세워서 결정한 대로 물건을 구입하는 계획구매에 대립되는 개념이다. 소비자가 진열된 상품이나 광고 등 여러 가지 자극에 의해 즉석에서 구매를 결정하는 비계획적인 행동이다. 유형으로는 순수한 충동구매, 회상적 충동구매, 제안형 충동구매, 계획적 충동구매 등이 있다.

1) 순수한 충동구매

순수한 충동구매는 가장 일반적인 방식의 충동구매로, 일상 습관이나 패턴을 벗어난 구매를 말한다. 판매업을 충동구매로 제한해 생각하는 것은 잘못된 생각이다. 서비스업도 충동구매에 해당되는 경우가 있다.

2) 회상적 충동구매

회상적 충동구매는 광고를 본 시점에는 구매 계획이 없지만, 구매 시점에서 필요한 물건을 생각해내거나 과거에 본 광고를 떠올려 구매하는 형태다. 주로 자동차, 휴대전화, 컴퓨터나 노트북, 가전제품 등을 구매할 때 나타난다.

3) 제안형 충동구매

제안형 충동구매는 사전지식이 없는 상품을 점포에서 수행하는 POP 광고 등에 의해 필요성을 느끼고 구매하는 형태다.

4) 계획적 충동구매

계획적 충동구매는 품목이나 브랜드를 결정하지 않고 점포를 방문해 할인쿠폰을 이용하거나 세일을 하는 상품을 구매하는 형태다. 주로 화장품이나 휴대전화 대리점 등과 같이 점포 밖에 고객을 유인하는 정보를 제공하며, 고객의 구매를 유도하는 현상을 말한다.

충동구매의 특징은 상품에 대한 호의가 강하게 발생하고, 구매하고자 하는 심리적 충동이 강렬해 저항하기 어려우며, 구매 시점에서 즐거움, 긴장감 등의 흥분된 감정이 나타난다.

따라서 효용을 극대화하는 합리적 구매 행위일 가능성이 적고, 구매 당시 부정적인 결과에 대해 신경 쓰지 않으므로 구매 후에는 후회하기도 한다.

5) 상권에서의 충동구매

유동인구가 상권에 방문한 목적을 정하지 않았을 경우 구매 행동은 충동구매에 해당한다. 일반적인 서비스업 중에도 목적을 동반하지 않은 업종은 상권 내에서 충동구매한다.

길을 걷다가 고깃집에서 맛있는 냄새를 맡아 발걸음을 멈추고 구매활동을 하거나, 식사를 마친 유동인구가 카페에서 커피를 구매하고 발걸음을 돌려 노래방을 방문한다면 충동구매에 해당된다.

즉 처음부터 방문 목적지를 정하지 않고 상권 내부에서 즉흥적인 구매활동을 하는 것을 말한다.

2. 목적구매

충동구매의 반대에 해당되는 구매행동을 말하며, 목적을 가지고 구매한다. 이러한 업종을 목적구매형 업종이라 한다. 목적구매의 구분은 상권에 진입하기 전 출발지를 기준으로 하며, 출발지에서 어떤 점포로 갈지 미리 정해놓고 방문하는 업종을 말한다.

점포의 업종에서 목적구매는 주로 장소를 특정하는 경우가 많아서 주로 친숙한 브랜드나 특정 건물 및 시설물을 기반으로 하는 경우가 많다. 따라서 브랜드, 점포의 명칭, 특정 건물 및 시설, 위치 인지 등과 상품의 품질 여부가 중요해 유명 프랜차이즈와 랜드마크 건물, 지하철, 특정 건물 및 시설물을 기반하는 경우가 많다. 대체로 점포의 크기가 넓거나, 대중교통의 인접성, 주차장 시설과의 연계가 중요한 것을 알 수 있다.

점포성 업종에서 목적구매는 주로 만나는 장소로 이용하거나 병·의원시설, 학원시설, 미용실, 세탁소, 가구점, 전자제품 대리점처럼 점포를 방문하기 전부터 찾아갈 준비가 된 업종이다.

04 업종의 공간 분포

업종에 따라서 어느 공간에 위치하고 있는지에 따라 목적구매와 충동구매로 나눌 수 있다.

카페는 대중교통과 인접한 경우 친구들을 만나기 위한 약속장소로 지정하기 알맞을 것이다. 이때의 카페는 목적구매에 해당된다. 이런 위치의 카페라면 당연히 그 공간이 넓으면 유리하다. 많은 유동인구를 점포에 들어오게 하면 매출에 도움이 될 것이다.

그러나 카페가 상권 내부에 있는 경우 식사를 마친 후 자연스럽게 커피 한 잔을 구매하면 이는 충동구매에 해당한다. 굳이 점포를 넓게 할 필요가 없다. 유동인구는 커피 한 잔을 구매하고 다시 다른 공간으로 이동하기 때문이다.

음식점의 경우도 구분할 수 있다. 유명음식점이나 전문요 식업의 경우에 이미 소비자는 그 점포의 위치를 알고 있거나 SNS를 통해 위치를 파악하고 방문하게 된다. 이런 경우 가급 적 많은 고객을 점포에 올 수 있게 해야 한다. 따라서 점포의 면적은 최대한 넓게 하고 편리한 주차 시설을 갖추는 것이 유 리하다.

그러나 상권 내부에서 충동구매에 해당하는 음식업의 경우 에는 점포가 넓지 않아도 된다. 기본적으로 20평 정도면 충분 하다. 상권 내부에는 다양한 음식점이 존재하기 때문에 모든 유동인구가 내 점포에 들어오지 않는다.

주거지역의 경우 주거지로 이동하는 동선상에 미용실이 위 치하고 있다면 쉽게 점포에 들어가서 서비스를 받지만, 상권 내부에서 이루어진 것이기 때문에 충동구매에 해당된다. 따라 서 점포의 크기는 작아도 영업에 어려움이 없다.

주거지나 기타 지역에서 머리 손질을 위해 점포를 방문한 다면 이때는 목적구매에 해당한다. 이때는 점포의 면적이 넓 거나 주차 시설이 잘 발달된 곳이라면 2층이나 3층에 위치하 는 경우도 많다.

업종이 충동구매에 해당된다면 같은 상권이라도 1층에 위치 하는 것이 유리하다. 그러나 목적구매에 해당된다면 시계성을 갖춘 2층이나 3층에 위치해도 고객은 점포로 방문한다.

1. 상권의 MD 구성

상권은 서로 다른 업종이 모여 상권 특성을 형성하는 집합체다. 어느 한 업종을 특화시켜서 만들어진 상권은 그 위험성이 크다. 흔히 카페거리, 의류 전문 아울렛 매장의 경우 의도된 목적으로 형성된 상권은 시간이 지나면 그 세력이 약화된다.

카페거리의 경우 많은 곳에 커피전문점이 있지만 일부러 카페거리를 2번 이상 방문하지는 않는다. 의류 전문 아울렛 매장의 경우 또한 도시 내 다양한 공간에 의류 전문점과 인터넷 쇼핑몰이 있기 때문에 굳이 찾아갈 이유가 없다.

주거지 상권의 경우 가족 단위로 식사를 하고, 찾아갈 수 있는 업종이 함께 구성되어 있다. 교육시설이 모여 있으면 각각의 과목들이 모여서 형성되며, 교육시설을 이용하는 학생들을 위한 다양한 업종이 함께 배치되어 있다. 직장인 상권의 경우 직장인의 회식에서부터 성인을 대상으로 하는 업종들이 다양하게 구성되어 있다. 이러한 모습이 바로 상권의 MD에 해당된다. 상권 MD는 의도적으로 만들어지든, 자연적으로 만들어지든, 중요한 것은 각 업종이 유동인구의 특성에 맞추어 형성된다. 유동인구의 특성에 맞지 않는 업종은 결국 도태되거나 다른 업종으로 바뀌게 된다.

그리고 각 업종은 지역 상권의 형태에 따라서 업종별로 선호하는 위치가 있고, 서로 도움을 주고받는다. 음식업과 노래방의 위치, 음식업과 당구장의 위치, 호프 전문점과 노래방의 위치 등이 그 예다.

1) 정화구역과 업종

학교를 기준으로 해서 정화구역의 범위에 따라 입점할 수 있는 업종과 없는 업종이 있다.

정화구역은 절대정화구역(학교 출입구 기준 50m 이내)과 상대정화구역(학교 경계선 기준 200m 이내)이 있다. 절대정화구역 내에는 청소년 유해시설이 절대로 입점할 수 없다([자료 8-12] 참조). 그러나 상대정화구역은 청소년 유해시설이지만 입점할 수 있는 업종도 있다. 상대적으로 심의를 통과하면 입점할 수 있다는 뜻이다.

[자료 8-12]의 시설은 절대정화구역 50m 내에서 금지하는 행위와 시설은 절대로 입점할 수 없다. 점포와 관련된 사항은 (8)항에 해당하며 대부분 성인 관련 시설이 이에 속한다. 그러나 [자료 8-13]과 같이 상대정화구역 200m 이내에 위치해도 관할 학교환경위생정화위원회의 심의를 통과하면 입점할 수 있는 시설과 업종이 있다.

[자료 8-12] 절대정화구역 내 금지행위와 시설

(1) 대기환경보전법, 악취방지법 및 수질 및 수생태계 보전에 관한 법률에 따른 배출허용 기준 또는 소음·진동관리법에 따른 규제기준을 초과해 학습과 학교보건위생이 지장을 주는 행위 및 시설

(2) 영화 및 비디오물의 진흥에 관한 법률 제2조 제11호의 제한상영관

(3) 도축장, 화장장 또는 납골시설

(4) 폐기물 처리시설, 폐수종말처리시설, 축산폐수배출시설, 축산폐수처리시설 및 분뇨처리시설

(5) 가축의 사체처리장 및 동물의 가죽을 가공·처리하는 시설

(6) 감염병원, 감염병격리병사, 격리수

(7) 가축시장

(8) 청소년보호법 제2조 제5호 가목7에 해당하는 업소와 같은 호 가목 8 또는 9 및 같은 호 나목 7에 따라 여성가족부장관이 고시한 영업에 해당하는 업소(전화방, 화상대화방, 성기구 취급업소 등)

[자료 8-13] 상대정화구역 내 심의대상 행위 및 시설

(1) 총포화약류의 제조장 및 저장소, 고압가스 천연가스 액화석유가스 제조소 및 저장소

(2) 폐기물 수집 장소

(3) 감염병요양소, 진료소

(4) 주로 주류를 판매하면서 손님이 노래를 부르는 행위가 허용되는 영업과 위와 같은 행위 외에 유흥종사자를 두거나 유흥시설을 설치할 수 있고 손님이 춤을 추는 행위가 허용되는 영업

(5) 호텔, 여관, 여인숙

(6) 당구장(유아교육법에 의한 유치원, 고등교육법에 의한 학교의 정화구역은 제외)

(7) 사행행위장, 경마장, 경륜장 및 경정장(각 시설의 장외발매소 포함)

(8) 게임산업진흥에 관한 법률 제2조 제6호에 따른 게임제공업 및 같은 조 제
7호에 따른 PC방. 유치원과 고등교육법에 의한 학교의 정화구역은 제외

(9) 게임산업진흥에 관한 법률에 따른 일반게임장(고등교육법에 의한 학교의
정화구역은 제외)

(10) 게임산업진흥에 관한 법률의 복합유통게임제공업

(11) 특수목욕장 중 증기탕(과거 터키탕)

(12) 만화가게

(13) 담배자동판매기

(14) 체육시설의 설치 이용에 관한 법률 중 시행령에 따른 무도학원, 무도장

(15) 음악산업진흥에 관한 법률에 따른 노래연습장 시설

(6)번 당구장의 경우 대법원에서 청소년 유해시설에 해당하지 않는다고 판시했으므로 가까운 시일에 청소년 유해시설에서 벗어날 것으로 보인다.

또한, 학생들의 등·하굣길에 위치하지 않고 주거환경과 학교의 공간에서 벗어나 있으면 상대정화구역이라도 심의를 통해 청소년 유해시설에 해당하는 일부 업종이 입점할 수 있다.

[자료 8-14] 상대정화구역의 범위 중 심의대상 공간

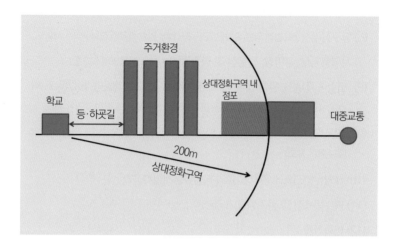

[자료 8-14]는 상대정화구역 내에 청소년 유해시설이 있으나 상업지의 위치가 주거지역이 가로막고 있으면 학생들의 도보 동선 또한 학교로 바로 등하교할 수 있게 되어 있다. 이런 경우는 상대적으로 빨간색 면의 상대정화구역 내라도 심의를 받으면 입점할 수 있다.

2) 토지의 용도와 업종

토지는 각 용도에 따라 입점할 수 있는 업종과 입점하지 못하는 업종으로 나뉜다. 우리나라는 국토를 도시지역, 관리지역, 농림지역, 자연환경보전지역으로 구분하고 있다. 그중에 도시지역은 주거지역과 상업지역, 공업지역, 녹지지역으로 구분해 토지를 사용하고 있다.

주거지역은 전용주거지역과 일반주거지역, 준주거지역으로 구분하고 있고, 상업지역은 일반상업지역, 중심상업지역, 유통중심상업지역, 근린상업지역으로 구분하고 있다. 또한 공업지역은 전용공업지역, 일반공업지역, 준공업지역으로 구분하고 있다.

각각의 지역 중에 점포가 입점할 수 있는 지역은 일반주거지역, 준주거지역, 일반상업지역, 중심상업지역, 유통중심상업지역, 근린상업지역, 준공업지역, 일반공업지역이 해당한다. 현재 우리나라에 점포가 많은 이유는 창업할 수 있는 용도별 토지가 많기 때문이다.

토지의 용도에 따라 각 업종이 입점할 수 있는 공간을 분류해 [자료 8-15]로 정리했다.

[자료 8-15] 용도별 입점 가능 점포

용도지역	점포입점 가능 지역	주요 업종
주거지역	일반주거지역 준주거지역	일반음식업, 휴게음식업, 제과점, 노래연습장, 청소년 게임제공업, PC방, 일반 체육시설, 스크린 골프장, 목욕장업, 이미용업, 세탁업, 교육시설, 고시원, 안마원, 안경점 등
상업지역	일반상업지역 중심상업지역 유통중심상업지역 근린상업지역	주거지역에 입점하는 업종 포함 단란주점, 유흥주점, 일반게임제공업, 숙박업, 안마시술소
공업지역	준공업지역 일반공업지역	주거지역 업종 포함 숙박업

2. 상가의 MD 구성

상가의 최유효 이용은 상권에 특성에 맞는 효율적인 업종 구성이다. 무작위로 건물 안에 업종이 배치되는 것이 아니란 뜻이다. 뉴타운과 신도시 분양 상가 건물의 경우, 초기 MD 구성을 하지만 실제로 구성 방식대로 입점되지 않는다. 단지 이렇게 입점하기를 기대하는 것뿐이다.

도시가 구성된 후 주거 인구의 거주가 시작되면서 주변 건물의 업종과 건물의 위치에 따라서 다시 업종이 자리를 잡게 된다. 상가의 MD 구성은 이때부터 시작된다.

상가 건물의 MD를 위해서는 상가와 관련된 법률에 대한 이해가 필요하다. 상가와 관련된 법률을 모르면 상가의 MD 구성이 어렵게 되어 오랜 시간 공실 상태가 된다.

상가의 MD 구성은 기본적으로 정화구역의 범위를 알아야 한다. 또한, 청소년 유해시설과 청소년 유해시설이 아닌 업종을 기준으로 건축법 시행령에 따른 업종별 면적 기준으로 구분할 수 있다. 또한, '학원설립운영및과외교습에관한법률(이하, 학원법)'에 따른 면적의 기준에 따라 학원시설과 공존할 수 있는 청소년 유해시설도 있다.

1) 유해시설 입점을 위한 면적 기준

근린시설과 근린상가에 유해시설이 입점하기 위한 기준은 학원법에 의해 1,650㎡를 기준으로 구분한다.

건축물의 연면적이 1,650㎡ 이상일 경우 예외 규정에 의해 청소년 유해시설과 교육연구시설이 한 건물 안에 입점할 수 있다. 그러나 1,650㎡ 이하일 경우에는 청소년 유해시설은 함께 입점할 수 없다. 청소년 유해시설은 [자료 8-16]과 같다.

[자료 8-16] 청소년 유해시설 종류와 제외 업종

유해시설 종류	유해시설 제외 업종
단란주점, 유흥주점, 숙박시설, 특수목욕장 중 증기탕(일명 터키탕), 무도장, 무도학원, 전화방, 비디오감상실, 오락실, 노래연습장, 안마시술소 및 기타 청소년의 학습 환경에 영향을 미치는 업종	만화가게, 당구장, PC방

청소년 유해시설은 또한 다음의 기준에 해당할 경우 입점할 수 없다.

• 학원이 유해시설에서 수평거리 20m 이내의 같은 층에 있는 경우.
• 학원이 유해시설에서 수평거리 6m 이내의 위층 또는 아

래층에 있는 경우.

반대로 이야기하면 같은 층에서 수평거리 20m를 넘으면 청소년 유해시설이 입점할 수 있다. 또한 수평거리가 6m 이상의 위층, 아래층도 청소년 유해시설이 입점할 수 있다. [자료 8-17]을 통해 구체적으로 살펴보자.

[자료 8-17] 청소년 유해시설 입점 가능 공간

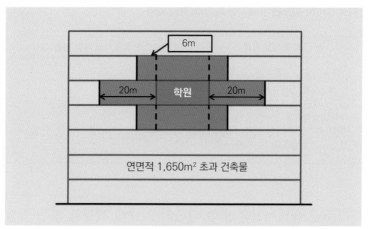

[자료 8-17]과 같이 학원시설을 기준으로 빨간색 면의 범위 안에는 청소년 유해시설이 입점할 수 없고, 이 범위를 벗어난 경우에는 청소년 유해시설이 입점할 수 있다.

그러나 여기에 중요한 포인트가 있다. 유해시설은 청소년 유해시설을 의미한다. 학원이라도 다 같은 학원에 해당되지 않는다. 성인을 대상으로 한 학원은 청소년 유해시설과 관련이 없다. 예를 들면 요리 학원, 부동산 경매 학원, 직업훈련기술 학원은 예외이므로 참고하면 좋을 것이다.

2) 업종별 면적 기준에 의한 용도변경

각 업종은 면적의 기준에 따라 용도변경이라는 절차를 거쳐야 그 건물에서 목적할 수 있는 사업을 진행할 수 있다. 창업자가 사업자 등록증을 발급받으려면 관할지역의 해당 관청에 업종에 따라 등록업, 신고업, 허가업, 자유업으로 구분, 신고해야 한다.

등록업, 신고업, 허가업은 해당 관청에 등록, 신고, 허가 절차를 거친 후 사업자등록을 할 수 있으며, 자유업은 이러한 행정절차 없이 자유롭게 사업자등록을 할 수 있다.

이와 같이 개별 업종에 따라 각각의 기준을 달리하고 있으며, 소유자의 전용면적과 임차인의 임대차에 의한 전용면적 기준에 따라 용도변경 절차를 거쳐야 한다.

[자료 8-18]은 건축법 시행령 별표 1 중에서 상가에 창업이 많이 이루어지는 주요 업종의 면적 기준을 정리한 것이다.

[자료 8-18] 주요 업종 용도변경 기준 면적

전용 면적	주요 업종		기준면적 이하	기준면적 이상
66㎡	일반음식점 외 주요 업종		지하의 경우 기준 면적 이상 시 소방시설완비증명서 필요	
100㎡	일반음식점 외 주요 업종		2층 이상에 설치 시 소방시설완비증명서	
150㎡	단란주점		2종 근린생활시설	위락시설
300㎡	휴게음식점		1종 근린생활시설	2종 근린생활시설
	제과점		1종 근린생활시설	2종 근린생활시설
	안마원		1종 근린생활시설	300㎡ 이상 설치 안 됨
500㎡	학원시설(독서실 포함)		2종 근린생활시설	교육연구시설
	탁구장, 각종 도장 등과 테니스장, 체력단련장, 에어로빅, 볼링, 당구장, 실내낚시터, 물놀이장 등		1종 또는 2종 근린생활시설	체육시설
	청소년 오락실과 PC방 등		2종 근린생활시설	판매시설
	교회, 절, 포교원 등		2종 근린생활시설	종교시설
	공연장, 집회장, 전시장 등		2종 근린생활시설	문화 및 집회시설
	금융업, 사무소, 결혼상담소, 결혼소개소, 부동산중개사무소 등		2종 근린생활시설	업무시설
	숙박시설	고시원	2종 근린생활시설	숙박시설
		일반숙박시설 생활권숙박시설	숙박시설	
830㎡	안마시술소		2종 근린생활시설	830㎡ 이상 설치 불가
1,000㎡	슈퍼마켓 등		1종 근린생활시설	2종 근린생활시설
	서점		1종 근린생활시설	2종 근린생활시설
	의료 판매소		1종 근린생활시설	2종 근린생활시설
	공공업무시설		2종 근린생활시설	업무시설
	관람장		2종 근린생활시설	문화 및 집회시설

면적규정 없음	음식점 노래방	면적제한 없음.	면적제한 없음.
	병원, 격리병원	모든 의료시설	
	유흥주점	면적 구분 없이 위락시설, 면적제한 없음.	

이같은 각 업종의 세부사항 외에 각각의 법률과 관련된 사항은 많다. 주로 시설과 업종에 관한 내용이므로 해당 업종을 준비하는 창업자는 이미 관련 법률을 숙지하고 사업을 준비하고 있을 것이다.

3) 상가의 용도변경

주택의 경우 사용 용도는 주거용으로 지정되어 있다. 그러나 상가의 경우는 다양한 업종이 업종별 법률에 의거해 용도를 변경할 상황이 생긴다.

이때 중요한 것이 건축법 시행령의 별표 1의 사항에 따라야 한다.

[자료 8-19] 건축법 시행령의 용도변경 절차

1. 제3호 및 제4호에서 '해당 용도로 쓰는 바닥 면적'이란 부설 주차장 면적을 제외한 실(實) 사용면적에 공용부분 면적(복도, 계단, 화장실 등의 면적을 말한다)을 비례 배분한 면적을 합한 면적을 말한다.

2. 비고 제1호에 따라 '해당 용도로 쓰는 바닥 면적'을 산정할 때 건축물의 내부를 여러 개의 부분으로 구분해 독립한 건축물로 사용하는 경우에는 그 구분된 면적 단위로 바닥 면적을 산정한다. 다만, 다음 각 목에 해당하는 경우에는 각 목에서 정한 기준에 따른다.

   가. 제4호 더목에 해당하는 건축물의 경우에는 내부가 여러 개의 부분으로 구분되어 있더라도 해당 용도로 쓰는 바닥 면적을 모두 합산해 산정한다.

   나. 동일인이 둘 이상의 구분된 건축물을 같은 세부 용도로 사용하는 경우에는 연접되어 있지 않더라도 이를 모두 합산해 산정한다.

   다. 구분 소유자(임차인을 포함한다)가 다른 경우에도 구분된 건축물을 같은 세부 용도로 연계해 함께 사용하는 경우(통로, 창고 등을 공동으로 활용하는 경우 또는 명칭의 일부를 동일하게 사용해 홍보하거나 관리하는 경우 등을 말한다)에는 연접되어 있지 않더라도 연계해 함께 사용하는 바닥 면적을 모두 합산해 산정한다.

3. 「청소년 보호법」 제2조제5호가목8) 및 9)에 따라 여성가족부장관이 고시하는 청소년 출입·고용금지업의 영업을 위한 시설은 제1종 근린생활시설 및 제2종 근린생활시설에서 제외한다.

4. 국토교통부장관은 별표 1 각호의 용도별 건축물의 종류에 관한 구체적인 범위를 정해 고시할 수 있다.

특히 2조의 나항과 다항에 주의해야 한다. 먼저 나항의 경우 집합건축물은 여러 소유자와 다수의 임차인이 영업할 수 있다.

먼저 첫 번째 사례는 2조 나항에 관한 사례다. A라는 사람이 건축물에서 3개 호실을 소유하고 있다. 전용면적이 $500m^2$를 넘는다고 가정할 때 구분 소유된 각 호실 전용면적이 $250m^2$이면 모두 $750m^2$에 해당한다. 그리고 각 층에 따로 구분되어 있다. 이때 각 호실에 학원시설이 입점할 경우 근린생활시설에서 교육연구시설로 용도를 변경해야 한다.

두 번째 2조 다항에 관한 사례다. 건축물을 A, B, C라는 사람이 소유하고 있는데 M이라는 임차인이 모두 하나의 학원으로 사용하고자 했다. 이때 각 소유자의 건축물의 개별 호실 또는 1층, 2층, 3층으로 구분해 소유하고 있다고 하더라도 한 명의 임차인이 사용하는 건축물로서 역시 근린생활시설에서 교육연구시설로 용도를 변경해야 한다. 임대인뿐만 아니라 임차인도 주의해야 하며, 반드시 업종의 사용 용도에 대해 확인해야 한다.

05 상권에서 업종의 구성

GIS 빅데이터를 기반으로 상권별 업종 구성을 분석하면 상권에 업종이 구성된 모습을 알 수 있다.

만약 음식업을 준비하는 점포라면 음식업에도 한식, 양식, 중식, 일식 등 여러 가지 종류로 분류되는 것을 알 수 있다. 서울시의 경우 음식업이라도 종류에 따라 비율이 다르며 공간 배치도 다른 것을 알 수 있다.

전체 음식업 중 대표적인 업종 네 가지를 추출해 비율을 분석해보았다.

[자료 8-20] 상권 주요 업종 비율

음식업 종류	점포 수	비율
전체 음식업	109,766	100%
한식	35,778	32.59%
중식	2,662	2.43%
일식	7,792	7.1%
양식	5,450	4.97%
분식	10,861	9.89%

[자료 8-21] 상권 주요 업종

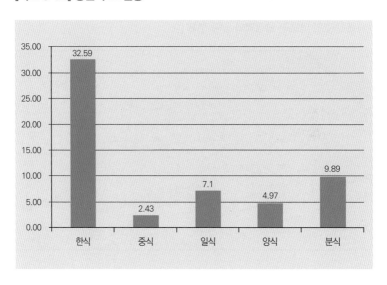

[자료 8-20]과 [자료 8-21]을 보면 한식의 경우 전체 음식업 109,766개 중 35,778개로, 32.59%를 차지할 정도로 가장

비율이 높다. 그리고 중식이 가장 적은 2,662개의 점포, 2.43%
비율로 가장 낮다. 실제 상권에서 가장 많은 점포 폐업비율 또
한 한식이 가장 많은 것이 우연이 아님을 알 수 있을 것이다.
비율이 낮을수록 음식업 중에서도 기술적 요인이 많이 필요
한 업종일 수 있다.

　서울시 마포구 합정동의 합정역을 기준으로 다섯 개 업종의
공간분포를 살펴보았다.

[자료 8-22] 마포구 합정역의 업종 분포 ①

　[자료 8-22]와 같이 5개의 음식업을 기준으로 공간 분포를
보면 주변에 다양한 음식업이 함께 위치하고 있는 것을 알 수

있다. 음식점을 대상으로 분석하면 각 공간의 위치가 서로 다른 것을 알 수 있다.

[자료 8-23] 마포구 합정역의 업종 분포 ②

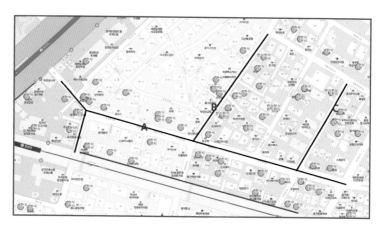

[자료 8-23]을 보면 대로변의 길(빨간색 실선) 옆에 위치한 음식점은 394m이지만 한식점은 6개가 위치하고 있다. 그러나 A골목은 401m의 거리에 20개의 점포가 영업 중이다. B골목의 경우 160m의 거리에 9개의 점포, C골목의 경우 117m에 3개의 점포가 위치하고 있다.

골목길에 따른 한식업 평균 거리는 [자료 8-24]와 같다.

위치	점포 수(개)	거리(m)	폭(m)	점포당 평균거리(m)
대로변	6	394	28	66
A골목	20	401	14	20
B골목	9	160	8	18
C골목	3	117	8	39

출처: 2018년 6월 정부 공공데이터

해당 상권의 위치에 따른 한식업의 평균거리를 분석한 결과 점포가 가장 많이 몰려 있는 곳은 B골목과 A골목에 위치하고 있는 것을 알 수 있다. 반면에 대로변의 경우 점포당 평균거리가 66m로 상대적으로 거리가 멀다. C골목의 경우 39m로 단위 골목 중에 상대적으로 유동인구가 많지 않다는 것을 알 수 있다.

도로의 폭에 따라서도 점포 입점이 달라질 수 있다. 실제로 대로변 도로의 경우 건너편으로 이동하기 불편하기 때문에 실질적 동선이 만들어지기 전에는 이동이 어렵다.

그러나 A골목의 경우 도로와 횡단보도의 폭이 14m로 점포가 입점하기 좋은 폭을 가지고 있고, B골목과 C골목의 경우 도로 폭이 8m로써 상대적으로 좁다. 그러나 B골목길에 점포가 더 많은 것은 길이 다른 공간으로 연결되어 있기 때문이다.

C골목길의 점포가 적은 이유는 진입로에서 B골목보다 더 멀고, 막다른 골목이 있기 때문이다.

다음은 동일한 공간에서 음식점과 호프 전문점을 바탕으로 노래방 위치에 대한 공간분포를 분석했다.

[자료 8-25] 마포구 합정역의 업종 분포 ③

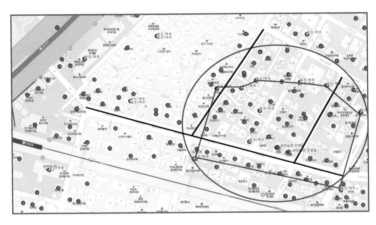

[자료 8-25]를 보면 유동인구의 주된 동선(검은색 실선)을 기준으로 음식업(초록색 원)이 가장 많이 모여 있는 공간을 만들었다. 그리고 현재 위치한 노래연습장(빨간색 원)을 둘러싸고 있는 호프·맥주 전문점 공간 테두리를 연결했다.

노래연습장을 찾는 유동인구는 식사와 주류를 이용한 후 노래연습장을 방문하게 된다. 새로운 창업자가 노래방을 개설하고자 한다면 어느 공간에 위치해야 할지를 쉽게 알 수 있을 것이다. 중요한 것은 동선을 기준으로 음식업이 밀집되어 있으며, 추가적으로 호프·맥주 전문점이 모여 있는 인근의 점포를 활용해 노래연습장을 개설할 공간을 찾으면 된다. 분석 결과를 보면 다음과 같다.

[자료 8-26] 마포구 합정역의 업종 분포 ④

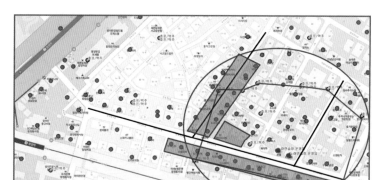

[자료 8-26]에서 보면 파란색 면이 바로 노래연습장이 입점하기 가장 유리한 공간에 해당한다. 유동인구의 동선을 가지고 있으며, 음식업과 호프·맥주 전문점이 인접해 있다.

이런 곳에 노래연습장을 개설할 수 있는 공간이 있다면 창업자는 바로 선택을 할 수 있을 것이다. 이때부터 분석에 필요한 것은 이 상권을 이용하는 유동인구의 총량과 해당 동선을 지나가는 유동인구의 수다.

　현재 영업 중인 노래연습장의 고객을 분석하고, 예상 매출을 분석하며, 주변의 점포를 이용하는 유동인구와 이동하는 유동인구의 비율을 계산하면 노래연습장의 예상 매출을 계산해볼 수 있다.

　지금까지 상권이 만들어지는 원리에 관해 설명했다. 상권이 만들어지는 원리를 모르면 상권 분석을 할 수 없다. 상권은 입지에 의해 그 특성이 결정되므로 그 특성을 알면 어느 연령대의 유동인구가 상권에 접근하고, 어떤 업종이 상권에 자리 잡는지를 알 수 있다. 업종을 알면 점포의 면적을 확정할 수 있게 된다.

　상권에서 입지 분석을 하는 이유가 여기에 있다. 상권을 이용하는 유동인구는 하늘에서 갑자기 떨어지는 것이 아니다. 반드시 그 배후지와 대중교통 조건에 의해 방문하게 된다. 그리고 입지의 조건 및 특성이 바뀌면 상권이 바뀌거나 소멸하게 된다. 이러한 조건을 분석하는 것이 입지 분석이다.

　이 책은 상권 분석을 하기 전에 입지적 요건에 의해 상권이 만들어지는 원리에 대해 대부분의 지면을 할애했다. 그중에 접근성과 장애요인에 대해 가장 중요하게 설명했다.

먼저 큰 그림을 보고 점차 세부적으로 들어갈 수 있게 구성했다. 한 지역을 분석하고 점점 공간 범위를 좁혔다. 이렇게 분석하면 공간의 상권 특성을 이해할 수 있고, 방문하는 동선을 파악할 수 있기 때문이다. 그러나 책이라는 특성상 하나하나를 분류해 집필할 수밖에 없다. 현장에서는 세분되어 있는 것을 합치는 과정이 필요하다. 상권에 따라 하나의 특성으로 분석할 수도 있지만, 대부분의 상권은 여러 분석 방법을 합쳐서 분석하는 경우가 많다.

좀 더 자세한 분석은 《상권 입지 분석-실전 분석편》을 통해 다양한 정보를 취득할 수 있는 사이트와 현장 분석 방법, 투자나 창업 결정 방법을 순서대로 소개하도록 하겠다.

상가 투자, 점포 창업은 누구나 성공할 수 있는 분야가 아니다. 투자하기 전에 충분한 공부를 했을 때 성공할 수 있다.

본 책의 내용에 대해 의견이나 질문이 있으면
전화(02)333-3577, 이메일 dodreamedia@naver.com을 이용해주십시오.
의견을 적극 수렴하겠습니다.

상가 형성 원리를 알면 부동산 투자가 보인다

제1판 1쇄 | 2019년 1월 31일

지은이 | 신일진, 송두리
펴낸이 | 한경준
펴낸곳 | 한국경제신문*i*
기획제작 | (주)두드림미디어
책임편집 | 배성분

주소 | 서울특별시 중구 청파로 463
기획출판팀 | 02-333-3577
영업마케팅팀 | 02-3604-595, 583 FAX | 02-3604-599
E-mail | dodreamedia@naver.com
등록 | 제 2-315(1967. 5. 15)

ISBN 978-89-475-4436-8 (03320)

한국경제신문 *i* 부동산 도서 목록

구만수 박사
3시간 공부하고
30년 써먹는
부동산 시장 분석 기법

제주도
경매왕

경매 성공의 지렛대가 되어줄
법정지상권,
분묘기지권
깨트리는 법

이것이 진짜
도로 경매다

세 어
하우스

사건번호 속
사연을 알면
답이 보인다!
추리 경매

갭 투자
슈퍼리치

월급보다
월세 부자

미친
경매력

억척 주부
부富 테크

REAL ESTATE
PROJECT BIBLE
부동산금융
프로젝트 바이블

이것이
경매다

경 매 로
장기 미집행시설
일 몰 제 와
그린벨트 해제를
활용하라

나는 경매로
노숙자에서
억대 연봉자가
되었다

위기의 시대,
사야 할 부동산
팔아야 할 부동산

대박방쭌 전은규
훔쳐서라도
배워야 할
부동산
투자 교과서
소액 편

두드림미디어

경제·경영, 제테크, 자기계발, 실용서 전문 출판 임프린트

가치 있는 콘텐츠와 사람
꿈꾸던 미래와 현재를 잇는 통로

Tel : 02-333-3577
E-mail : dodreamedia@naver.com